Mariez-vous qu'ils disaient !

Marie Moreau

Mariez-vous qu'ils disaient !

ISBN : 979-10-422-0579-9

À mes parents aimés,
à mon fils adoré.

L'amour c'est n'avoir jamais à dire qu'on est désolé.

Erich Segal

Préface

Chaque petite fille est bercée dès son plus jeune âge par des contes de fées fabuleux. C'est une sorte de tradition, une coutume bien encrée.

La fille est une princesse. Elle est ravissante, jeune, délicate, gentille et souvent naïve. Elle passe son temps à attendre son prince Charmant. Parfois, elle entretient son intérieur de maison, parfois elle s'admire dans un miroir à longueur de temps en se brossant les cheveux ou encore elle chante et attire les oiseaux alentour. Mais quoi qu'il en soit, elle reste à la maison et espère la venue de son prince. Elle a toujours le sourire, elle est agréable, douce et aimante.

Le garçon, quant à lui, est le prince. Il est beau et grand, galant et intelligent, courageux et valeureux. Il n'a peur de rien. Il arrive toujours sur son magnifique cheval blanc avec son épée. Il est prêt à affronter tous les démons et méchants de toutes sortes pour parvenir jusqu'à la princesse. Il est là pour la protéger de toutes les choses maléfiques, pour la délivrer et la sauver des sortilèges divers.

Dans les contes de fées, la marâtre tient également une place prépondérante. Elle est laide, méchante, fourbe et odieuse. Elle persuade la princesse qu'elle est gentille avec elle, qu'elle ne veut que son bien, alors qu'elle la jalouse. Elle envie sa beauté et sa gentillesse et fait tout pour lui faire du mal et l'empêcher de rencontrer son prince.

Malgré de multiples périples et d'innombrables obstacles, le prince n'a de cesse d'affronter les situations aussi difficiles et dangereuses, soient elles. Et il gagne à chaque fois.

Il est vraiment trop fort !

Il finit toujours par retrouver sa bien-aimée. Et à cet instant précis, comme une évidence, ils s'aiment – ils étaient forcément faits l'un pour l'autre – et la marâtre disparaît pour de bon afin de laisser place à une fin heureuse.

D'ailleurs, c'est ainsi que les contes de fées se terminent : « Ils se marièrent, vécurent heureux et eurent beaucoup d'enfants ».

Or, ce que l'on n'avait jamais raconté à Emma, c'est que dans la vraie vie, c'est à ce moment-là que les ennuis commencent…

Tout ce qui arrive avant n'est que bonheur, béatitude, félicité. En effet, lorsque l'on rencontre un homme, il est savoureux de se découvrir, d'apprendre à se connaître, se deviner pour ensuite se séduire. L'un et l'autre ont envie de se plaire mutuellement, d'exciter la curiosité de l'autre, de convenir à ses attentes et de se captiver. Ils fournissent des efforts pour charmer l'autre, l'envoûter et lui correspondre.

De plus, dans la vraie vie, la marâtre n'apparaît pas tout de suite.

En revanche, une fois mariés, le charme se rompt et tout commence pour de vrai. Le prince n'est ni vaillant, ni valeureux, ni galant, ni brave et, encore moins, courageux… surtout face à la marâtre dont il a une peur bleue et qui entre en scène juste après le mariage, pour prendre tout à coup beaucoup (trop) de place dans la vie du « prince » et de son épouse.

D'un seul coup, alors que la princesse pense avoir réussi sa vie puisqu'elle est mariée à un véritable seigneur, c'est à cet instant-là que tout bascule : ses illusions chancellent et ses projets chavirent. Rien n'est gagné !

Des ronces et des buissons à la fois acérés et ténébreux s'élèvent alors devant elle. Elle se rend compte que son prince, au lieu de partir en éclaireur, droit devant, et lutter pour lui frayer un chemin et la protéger contre d'éventuels malfaiteurs, reste derrière elle, blotti, afin d'éviter tout risque de blessures pendant qu'elle, la princesse, délicate, fragile et frêle, se prend tous les coups. Et le tout, sans être armée ! Mais ce n'est pas grave pour le prince, car l'important, c'est que lui ne soit pas touché et donc pas blessé !

Inutile de dire que le réveil d'Emma, jeune fille sans histoire, fut brutal et âpre. Elle était loin, très loin, des contes de fées qu'elle aimait tant, enfant ! Ces contes que sa mère lui racontait avant de s'endormir et qui la portaient ensuite durant tout son sommeil. Elle y croyait. Cette vie qu'elle devait avoir en tant que princesse lui convenait pleinement : être protégée par son prince, aimée de lui, entourée d'êtres bienveillants, chaleureux et affectueux. Ce monde tendre était pour elle. Elle se sentait prête à le vivre. Elle était, elle aussi, disposée à donner beaucoup d'affection et d'amour autour d'elle et surtout à son sauveur.

C'est dans cet état d'esprit que notre princesse dans l'âme rencontra Jules.

Voici comment tout débuta…

L’homme de sa vie

Les retrouvailles

Jules et Emma s'étaient connus lorsqu'ils avaient tous les deux dix-huit ans.

Ils habitaient alors à une cinquantaine de kilomètres l'un de l'autre, aux deux extrémités du département.

Ils étaient tous les deux en Terminale, dans des lycées différents.

La mère d'Emma pensait, à cette époque de la vie de la jeune fille, que pratiquer du sport lui ferait le plus grand bien. Elle avait lu que pratiquer une activité physique durant l'année du bac stimulait le cerveau et boostait la concentration. Bienveillante, elle l'inscrivit donc à des cours de tennis qui étaient proposés dans son village. Le formateur de tennis était un jeune homme de son âge, grand, posé et très brun. Son prénom : Jules.

Une dizaine de femmes s'étaient inscrites à ces cours de tennis. Dès le premier regard, Emma vit des femmes d'un « certain âge ». C'est-à-dire que du haut de ses dix-huit ans, il s'agissait de femmes d'une quarantaine d'années ! Pas très encourageant et encore moins motivant ! Elles étaient toutes employées à la mairie du village, avec un embonpoint certain, ou comme qui dirait une « bonne assise ». Bref, elles étaient « bien charpentées ». Elles s'étaient inscrites en groupe au tennis. Emma, quant à elle, était la seule « pubère » !

Le premier cours de tennis débuta par un échauffement consistant à courir autour du terrain, durant un certain temps. La jeune fille ne voyait absolument pas l'intérêt d'un pareil exercice ! À la fin de la course, Jules leur demanda de prendre leur pouls. Emma ne savait même pas qu'elle en avait un, et encore moins comment le prendre ! Ni où il se cachait ! Lorsqu'elle le trouva enfin, elle se mit à compter : un-deux, trois-quatre, cinq-six… C'est-à-dire qu'à chaque pulsation : tou-toum, tou-toum, tou-toum, elle comptait : un-deux, trois-quatre, cinq-six…

Jules leur demanda ensuite, les unes après les autres, de lui communiquer le nombre de pulsations. Les cougars annoncèrent qu'elles avaient entre 70 et 80 pulsations. Lorsqu'il arriva à Emma, elle lui dit : « 170 » ! Et cet imbécile se sentit obligé de rétorquer : « Tu n'es vraiment pas très sportive ! ».

Non mais… pour qui il se prenait ce grand dadais ? De plus, elle lui trouvait un physique nigaud et maladroit.

Depuis cette remarque désobligeante, elle ne le supportait pas…

Il la faisait courir après une balle. Elle… Personne n'avait encore jamais osé avant lui ! Et en plus, cela l'amusait. Il se divertissait de ses maladresses, de ses râleries, de sa fainéantise de courir après la balle, en un mot, de son exaspération à jouer au tennis.

Durant les cours, les préménopausées et elle passaient les unes après les autres afin de s'entraîner à rattraper les balles qu'il leur lançait depuis l'autre bout du court. Lorsque, par exemple, elles travaillaient les coups droits et que c'était le tour d'Emma, il lui envoyait un revers… qu'elle loupait, bien évidemment, puisqu'elle s'était préparée à réceptionner un coup droit et donc s'était positionnée sur le côté droit du court et non au centre comme il leur avait demandé ! Et il riait, ainsi que toutes les MILFs du cours.

Étant donné que Jules et elle avaient le même âge, le jeune homme voulait se rendre intéressant et lui montrer qu'il avait une certaine forme d'autorité et elle, de son côté, voulait lui prouver qu'elle avait du caractère et qu'elle ne se laissait pas impressionner facilement.

Les cours de tennis se terminèrent fin mai, juste à temps pour passer le bac avec succès.

Les années passèrent, l'âge bête aussi…

Dix ans plus tard, alors qu'Emma était en pleine rupture et se réfugiait régulièrement chez ses parents pour se ressourcer, elle reçut une lettre de Jules. Quelle ne fut pas sa surprise ! Il avait gardé l'adresse de ses parents ! Sa mère était folle de joie. Enfin, un garçon bien ! Le seul problème, c'est qu'elle était en fin de course d'une histoire et était beaucoup moins enthousiaste que sa mère pour recommencer quelque chose avec qui que ce soit. Bref, elle finit par lire la lettre…

Il lui écrivait qu'il était à Paris où il terminait ses études. Il finissait un cursus d'ingénieur qui complétait ses études d'architecture. Autrement dit, un intellectuel ! Emma était à Bordeaux à ce moment-là, secrétaire de direction dans une démolition automobile – beaucoup moins d'allure ! – sa situation était franchement moins folichonne !

Tout d'abord, elle ne voulut pas lui répondre. Elle n'avait rien à lui raconter. Mais ses parents, et surtout sa mère, insistaient tellement à chaque fois qu'elle venait les voir : « Lui as-tu répondu ? », « Réponds-lui donc ! ». C'est donc ce qu'elle finit par faire pour avoir la paix et être débarrassée de leur obstination une bonne fois pour toutes. Elle lui envoya donc un courrier quelques mois plus tard. C'est avec beaucoup de difficultés qu'elle trouva matière à sa lettre. Alors elle lui parla de son bac et des notes qu'elle avait eues, de son travail d'assistante de direction – sans toutefois lui préciser qu'elle exerçait dans une démolition automobile – et du tennis qu'elle avait abandonné pour faute de temps, mais surtout de motivation suffisante. Aussitôt postée cette bafouille, elle se sentit soulagée : voilà une bonne chose de faite ! Maintenant, la tranquillité ! Le seul souci, c'est qu'il lui répondit quelques jours après. Sa lettre était plus longue que celle qu'elle lui avait envoyée. Elle sentait en la lisant qu'il avait été touché, qu'elle lui réponde. Alors, pour ne pas le décevoir, et aussi parce qu'elle se prenait au jeu, elle lui répondit de nouveau, et ainsi de suite, pendant plusieurs mois.

Leurs lettres étaient de plus en plus longues. Ils avaient de plus en plus de choses à se dire. D'ailleurs, pour elle, cela devenait fastidieux de lui écrire, car elle était plutôt de nature bavarde et finissait par en avoir mal au poignet à force de lui retranscrire par écrit toutes les idées qui lui passaient par la tête. Et quand elle voulait raccourcir ses écrits – et donc ses pensées –, cela n'avait plus aucun sens.

Mais ce qui devint le plus pénible fut qu'elle était dans l'obligation d'attendre plusieurs jours avant d'avoir la réponse à la lettre qu'elle lui avait postée ! L'inconvénient majeur était que son impatience prenait le pas, peu à peu, sur son calme de façade. Le second inconvénient était que lorsqu'arrivait enfin ladite lettre avec la réponse à l'intérieur, elle ne se souvenait même plus de ce qu'elle avait écrit la fois d'avant. Il faut dire ce qui est, ils étaient de plus en plus empressés de recevoir des nouvelles de l'autre. Emma avait de plus en plus hâte de le lire. Chaque jour, après le passage du facteur, elle se précipitait pour regarder dans la boîte aux lettres si une missive était arrivée.

Aussi, face à cette « lenteur administrative », ils prirent la décision de s'envoyer des SMS. Que c'était bien ! Que ce fut bon ! C'était une véritable révolution. Une méthode plus simple – surtout pour celui qui savait comment s'en servir. Il faut préciser que tout cela se passait dans les années quatre-vingt-dix, quand le téléphone portable commençait juste à se démocratiser. Ce qu'il y avait de bien, c'était la réponse immédiate, sans plus attendre. Une véritable révolution technologique !

Les semaines passèrent et un jour, Jules lui proposa de l'appeler, car il souhaitait entendre de nouveau sa voix. Il avait un forfait téléphonique qui lui permettait d'appeler qui il voulait à partir de vingt heures, et cela en illimité. Cependant, à cette demande, Emma eut vraiment un instant de panique. Elle prit peur. Sa première intuition fut de vouloir reculer devant cette idée. Elle était vraiment affolée. Et puis, après réflexion, deux-trois respirations, sa deuxième intuition s'orienta vers une acceptation de cette évolution dans leur relation.

Mais des questions se bousculaient dans sa tête. Lorsqu'il appellera, devait-elle prendre une voix sensuelle d'hôtesse de l'air : « Allôôô », ou bien devait-elle parler comme à la démolition automobile : « Démolition automobile, bonjour ». Quel stress ! Quelle angoisse !

Ils finirent par définir une date pour se contacter. Emma était dans tous ses états. Lorsque le téléphone retentit, ses mains devinrent moites, son cœur se mit à battre à toute allure et ses jambes à se ramollir, tel du coton. Elle décrocha. À l'autre bout, une voix familière masculine lui dit : « Allô ». Ce timbre de voix la rassura. Il était doux et engageant, amical et bienveillant. Cette gentillesse ressentie la mit à l'aise. Elle restait néanmoins très concentrée sur ce qu'elle disait. Et ça aussi, c'était une première pour elle ! Il était hors de question de raconter n'importe quoi, de bafouiller. En quelques mots : il fallait assurer.

Avec le temps, elle se détendit et son naturel revint au galop.

Toutefois, heureusement qu'il n'y avait pas de caméra ! Un jour, qu'elle s'était apposé un masque à l'argile verte sur le visage, Jules l'appela. D'abord, tout se passa bien. Puis, au fur et à mesure des minutes qui s'écoulaient, son visage se figeait, jusqu'à devenir solide. Il devint très compliqué de répondre à ses questions, aussi elle dut trouver une excuse pour raccrocher.

Au début, ils s'appelaient une fois par semaine, puis deux, puis trois et, pour finir, tous les soirs. À chaque fois, leurs discussions duraient de plus en plus longtemps jusqu'à atteindre plusieurs heures. Un soir, ou plutôt, une nuit, ils restèrent en ligne huit heures d'affilée ! Ils parlaient de tout et de rien à la fois. Ils étaient bien, c'est tout. Emma avait pris l'habitude de s'asseoir sur le rebord de sa baie vitrée et elle l'écoutait. Sa voix lui faisait du bien. Ils avaient tous les deux l'impression de s'être quittés la veille. Qu'ils étaient bien !

Et puis un jour, Jules lança l'idée qu'ils pourraient se revoir dans un mois. En effet, ses études à Paris prenant fin, il comptait redescendre sur Bordeaux, lieu de sa résidence. Emma accepta sur le champ.

Cependant, après avoir raccroché, elle prit conscience de l'idée folle qu'avait eue Jules quelques instants auparavant ! Et elle eut encore plus conscience de l'idée folle qu'elle avait eue d'accepter ! « Mais qu'est-ce qui m'a pris de lui dire OUI ? »

D'un seul coup, elle se sentit seule au monde. Elle était tétanisée. Presque anéantie. Elle en avait perdu le souffle. La jeune fille essayait de se remémorer tout ce qu'elle avait pu lui dire comme inexactitudes au téléphone. Elle ne l'avait pas fait dans l'intention de lui nuire ou de lui mentir, évidemment, mais principalement pour embellir la réalité et surtout sans penser qu'ils pourraient un jour, se retrouver !

« Il va certainement me trouver moche, vieillie, mal coiffée avec une sale tête ! Moi qui lui ai dit que j'étais plutôt bien roulée ! Tu parles ! Il va être déçu, c'est certain ! Remarque, comme ça, ça coupera court à tout ! »

Une fois la date de leurs retrouvailles établie, les jours défilaient à une vitesse grand V. Jules continuait de l'appeler tous les soirs. Il était pressé de la revoir. Emma était super stressée. Tout ceci la perturbait. Et si c'était l'échec assuré ?

Du coup, de son côté, à chacun de leurs appels qui suivirent, elle modérait ses propos, en pensant à leur prochaine rencontre. Elle se lança également dans un « régime éclair ». À force d'y réfléchir, finalement, elle se sentait à la fois inquiète, mais très motivée par leurs retrouvailles.

Jules lui téléphona la veille afin de mettre au point les derniers détails des retrouvailles : Emma devait aller le chercher chez son frère, où Jules vivrait, en attendant de trouver un appartement. À ce moment-là, il n'avait pas de voiture.

Il était donc prévu qu'ils se retrouvent là-bas.

Le lendemain, lorsque le jour pointa son nez, Emma se leva avec la peur au ventre. Elle avait une boule dans la gorge et une autre dans l'estomac. Elle passa la matinée à s'épiler. Dame Nature avait repris son droit. Cela faisait plus d'un mois qu'elle était la maîtresse des lieux.

L'après-midi s'écoula très vite puisqu'elle le passa à choisir ce qu'elle allait porter le soir : « Robe ou pantalon ? Ou jupe ? Allez, pantalon ! Avec un haut décolleté ou plutôt fermé ? Un décolleté, c'est plus sympa. Et les cheveux… attachés ou détachés… Heueueu, détachés, c'est plus féminin. Oh là là, quelle angoisse ! Il suffit que je m'habille de cette façon pour que cela ne lui plaise pas du tout ! Maquillée ou pas maquillée ? Maquillée, mais très légèrement. Après tout, d'habitude, je suis naturelle, sans pour autant être négligée. J'ai un style chic, classe. Enfin, je crois ! Autant qu'il s'y fasse dès le début ! »

Ça y est, c'est l'heure ! Elle prit sa voiture, fébrile. Après vingt minutes de conduite, elle fut vite arrivée à l'adresse indiquée. Au pied de l'immeuble, elle parla tout d'abord à un homme dans un Interphone. Elle ne savait absolument pas à qui elle s'adressait. « Troisième étage », lui dit la voix. La porte du hall s'ouvrit et elle vit devant elle un escalier en pierre en colimaçon. De toute évidence, il n'y avait pas d'ascenseur. L'escalier était blanc, gigantesque, interminable… La grandeur et la hauteur de cet escalier étaient accentuées par son anxiété… Elle était de plus en plus essoufflée, avec une envie très forte de redescendre. « J'y vais, j'y vais pas… j'y vais… non, j'y vais pas ! »

Quand enfin elle se décida à opérer un demi-tour, elle le vit, à une dizaine de marches d'elle. Alors qu'elle était haletante, sans doute rougeaude, défraîchie, exténuée, il l'attendait en haut, sur le palier, accoudé à la rambarde de l'escalier, du haut de ses 1 m 90 !

Il était blanc, gigantesque et interminable… assorti à l'escalier.

Plus elle avançait et plus sa tête basculait vers l'arrière. Elle crut qu'elle allait perdre l'équilibre au point de tomber à la renverse ! Heureusement, elle se retint à la main-courante.

D'un seul coup, elle regretta d'être venue. Non seulement elle était à bout de souffle, mais surtout elle était tétanisée et sentait bien qu'elle devenait écarlate !

Très vite, au beau milieu de l'escalier, une question vint heurter le devant de son cerveau, juste derrière les sourcils : « Qu'allons-nous bien pouvoir nous raconter pendant toute cette soirée ? »

Parce qu'effectivement, il était prévu qu'elle le ramène chez elle pour passer Toute la soirée ensemble. Mais ça peut être long Toute une soirée quand on ne sait pas quoi se dire ! Et visiblement, il n'était pas du genre très bavard. Alors c'est sûr, par téléphone ou SMS, il était facile de se dire des choses, parfois même intimes, mais le dire devant la personne concernée, quand elle était en face, c'était quand même autre chose !

Une fois arrivé sur le palier et face à lui, Jules n'avait de cesse de la dévisager. Que pouvait-il bien penser d'elle ? Lui plaisait-elle ? Brusquement, son pantalon lui sembla encore plus moulant qu'il ne l'était durant l'après-midi et son décolleté, plongeant jusqu'au nombril.

Elle se dit : « Je sais que je ne suis pas tout à fait comme je te l'ai annoncé au téléphone. Mais c'est toi qui as voulu que l'on se revoie. Eh bien, voilà ce que ça donne. Alors si tu n'es pas content, passe ton chemin ». Jules lui sourit, comme s'il venait d'entendre ce qu'elle venait de se dire.

Il la fit entrer dans l'appartement, prit ses papiers, pour repartir presque aussitôt. Après avoir gravi toutes ces marches, Emma avait très soif, mais Jules ne lui proposa rien à boire. Quel goujat ! Aucune galanterie ! À cet instant-là, elle aurait déjà dû se méfier…

Le trajet jusque chez elle fut enjoué. Elle lui fit écouter les musiques qu'elle aimait bien.

Une fois arrivés, ils prirent l'apéritif, puis mangèrent, tout en discutant de tout ce qu'il leur était arrivé durant ces dix dernières années et de tout ce qu'ils venaient de vivre durant ces quelques mois.

La soirée se déroula tellement bien qu'il ne retourna plus jamais chez son frère !

Les premiers pas vers la vie commune

Ça peut sembler idiot de parler de cela, mais les premiers moments de la vie en commun sont fondamentaux. C'est durant ces instants-là que naissent les acquis et qu'en découlent ensuite les « éventuelles » mauvaises habitudes et malentendus.

Cela faisait à peu près un mois qu'Emma et Jules vivaient ensemble. Emma avait expliqué en détail à Jules ce qu'il fallait faire – et surtout ne pas faire – pour garder l'appartement propre, agréable pour tous les deux, pour qu'ils puissent s'épanouir. Il s'agissait de remettre à sa place toute chose utilisée et de ranger régulièrement les vêtements. Simple non ! Par exemple mettre les vêtements sales dans la panière à linge destinée à cet effet et faire en sorte que rien ne traîne dans les pièces en général. Jules était d'accord sur tous les points. De toute évidence, ils partageaient ce besoin d'ordre. Un nouveau point en commun, chouette ! Du moins, c'est ce qu'elle croyait !

Mais très rapidement, la jeune femme s'aperçut que caleçons, chaussettes et chemises sales faisaient régulièrement la fête dans la chambre.

Dans la salle de bain, c'était un véritable atelier d'artiste : le dentifrice ornait la robinetterie et le lavabo, mélangé à celui de la veille encore présente, mais sec après la nuit passée. Cette œuvre était mouchetée des céréales du matin qui avaient dû rester coincées dans une dent de Jules. En clignant des yeux, Emma devinait la forme d'un visage ou peut-être une colline… Qu'il était fort, Jules ! Et qu'elle avait beaucoup d'imagination !

Le summum de l'expression de son art se mesurait dans leurs toilettes. Plus de papier hygiénique autour du dévidoir ? Où est le problème ? Abattant des toilettes relevé ? Où est le problème ? Traces dans la cuvette et goutte d'urine sur le siège ? Y a pas de problème ! Une erreur de trajectoire sans doute… Dans ses « consignes de bonne conduite », Emma avait pourtant insisté sur l'hygiène des « petits coins ». Alors non ! Non à la « dernière goutte » qu'ont l'habitude de laisser les hommes. Cette goutte qui reste sur le rebord de la cuvette, hésitante, ne sachant si elle doit tomber sur le sol au risque de faire glisser les jeunes filles ou bien rester sur place afin de se coller sur leurs fesses qu'elles poseront juste après. Emma avait précisé à Jules qu'elle apprécierait fortement qu'il ait l'idée de l'essuyer.

Mais comment se débrouillent les hommes aux toilettes ? À croire qu'en faisant pipi, ils sont tellement émerveillés par les murs et le plafond de cette pièce exiguë, qu'ils en perdent toute notion de propreté et particulièrement toute maîtrise de leur zigouigoui. Alors, dans leur béatitude admirative, ils vont de droite à gauche, puis, la tête renversée vers l'arrière, du haut vers les bas de la pièce.

Bref, Emma avait pour habitude de marcher dedans lorsque parfois, elle se levait la nuit pour aller faire pipi. Inutile de dire qu'à deux heures du matin, lorsqu'elle sentait quelque chose d'humide sous son pied, elle la bénissait, cette goutte ! Et son Créateur aussi !

Elle n'avait de cesse d'expliquer et de réexpliquer à Jules les règles à respecter. Et à chaque fois, il lui disait qu'il avait tout compris et lui promettait de faire attention. Évidemment. Tu parles !

Aussi, un jour, voyant tout ce chantier, et comprenant que rien ne changerait, elle décida de lui faire des « pense-Jules ». Plus exactement, afin de lui rafraîchir régulièrement la mémoire, elle entreprit de lui notifier sur des petits papiers autocollants, les instructions qu'elle colla ensuite dans toutes les pièces « touchées » par la tornade.

C’est ainsi que :

Dans la chambre, elle colla sur le mur, au-dessus du fauteuil sur lequel Jules avait l’habitude de mettre ses vêtements :

« Jules, tu te changes, avant de sortir un nouveau T-shirt, regarde si tu n’en as pas déjà un posé sur le fauteuil, il en est de même pour le pantalon ! »

Juste à côté :

« Ton linge est sale : mets-le dans la corbeille prévue à cet effet. Elle se situe dans le sellier. Tu y accéderas facilement en remontant le couloir, par l’unique porte de la pièce principale. Tu ne devrais pas te tromper. »

Dans la salle de bain, elle mit sur le miroir :

« Jules, tu te laves les dents : penche-toi lorsque tu cracheras le dentifrice et tout ce qui va avec, cela évitera que tu ne le fasses sur la robinetterie ! »

Quant aux toilettes, il trouva au-dessus de la cuvette :

« Jules, tu fais pipi debout : assieds-toi sur la cuvette des toilettes ou trouve une autre solution afin de ne plus pisser à côté. Cette manœuvre a pour but de faire que nos WC ne sentent plus les “chiottes de camping” ! »

Le soir même, lorsque Jules entra à la maison, elle ne dit rien. Elle le laissa aller dans toutes les pièces, comme à son habitude. Tout d’abord, dans la chambre pour se changer, puis dans les toilettes et pour finir dans la salle de bains.

Mais dès qu’il entrait dans une pièce, il y avait le silence le plus complet. Et là, à cet instant, elle savait qu’il était en train de lire ses messages.

Il revint ensuite vers elle en lui précisant d’un air arrogant que ces petits mots étaient inutiles étant donné qu’il connaissait déjà les instructions.

Emma, sans se démonter, lui dit que tant qu'il y aurait des gouttes sur la cuvette ou sur le sol, du dentifrice sur la robinetterie et des chaussettes, caleçons et chemises sales qui traîneraient dans la chambre, les messages resteraient collés.

Ils restèrent collés 7 mois !

La demande en mariage

Plus le temps passait et plus les deux tourtereaux s'entendaient superbement bien. Et même, de mieux en mieux.

Emma avait retiré les petits « pense-Jules ».

Les bonnes manières étaient désormais pratiquement assimilées.

Les jours se suivaient et se ressemblaient en bonheur, amour et tendresse.

L'été était là et les hormones de nos amoureux en folie !

C'est ainsi que par un beau jour de juillet, Jules et Emma se levèrent, encore tout ébouriffés par des moments de tendresse intenses. Jules ne cessait de la regarder amoureusement. Ils prirent le petit-déjeuner sur la terrasse, en compagnie du chant des oiseaux et d'un soleil resplendissant. Il ne la quittait pas des yeux. Jules décida ensuite d'aller faire le lit. À cette époque, ils avaient la télévision dans la chambre. Il l'alluma. C'était la diffusion du défilé du 14 juillet. Emma, de son côté, décida de partir dans la salle de bains.

Quelle belle journée ! Qu'est-ce qu'elle se sentait bien ! Elle prit le temps de se doucher puis de s'enduire le corps d'huile afin de sentir bon pour son bien-aimé et avoir la peau toute douce. Une fois prête, elle se dirigea, nue et encore ébouriffée, vers la chambre, pour s'habiller.

C'est à cet instant que Jules cessa toute activité. Il la fixa avec un petit sourire en coin, à la fois doux et gêné, lui prit la main, posa un genou à terre et lui dit : « Ma Chérie, crois-tu que tu pourras me supporter toute ta vie ? Veux-tu m'épouser ? »

Le cœur d’Emma s’arrêta de battre un instant, puis, sans savoir pourquoi, s’emballa. L’émotion l’envahit et, toujours nue, elle lui répondit : « Oh, oui ! »

Jules se leva alors et la prit dans ses bras, comme soulagé de sa réponse.

Et tout cela avec en fond sonore la fanfare du défilé du 14 juillet !

Le mérite de cette date, c’est qu’ils n’auront pas de mal à s’en souvenir !

Vive la future mariée !

C'est ainsi qu'un an après leurs retrouvailles, et comme une suite logique à cette demande en mariage, ils décidèrent de se fiancer.

Les familles ne se connaissant pas encore, ils voulurent faire cela en bonne et due forme : célébrer leurs fiançailles avec les deux familles réunies. La tradition veut que la famille de la fiancée prenne en charge le repas des fiançailles. Ce qui fut fait.

Les présentations, courtoises, se passèrent plutôt bien. Le repas était exquis et les vins merveilleusement bien choisis.

Mais qui dit fiançailles, dit projection de mariage, forcément. C'était un peu le but de la manœuvre.

Donc il fallut décider de la date des noces « des enfants ». Les futurs mariés désiraient se marier en juin. Cela semblait convenir à tout le monde. Donc, c'était entendu pour juin.

Emma aurait dû, à cet instant, faire attention à la tête de la mère de Jules. En effet, une grimace grinçante s'afficha sur son visage. Cela aurait sans doute donné des indications à Emma pour la suite.

Jules voulait que ce soit eux qui réalisent le maximum de choses, afin de « personnaliser » leur mariage et que cela revienne moins cher à leurs parents, enfin, surtout aux siens. Il y tenait absolument : « Chérie, j'aimerais beaucoup que l'ON fasse par nous-mêmes la réalisation des différents supports de notre mariage. » Emma était moins motivée, mais bon ! Si cela faisait plaisir à Jules…

Et puis c'est vrai que cela paraissait plus sympa de faire des choses par eux-mêmes. Des choses à la fois innovantes, inédites et personnelles.

En fin de compte, le « On » se transforma très vite en « Elle » concernant Emma. En effet, il fallut que « Elle » réfléchisse à la réalisation des faire-part, du menu et de la décoration de la salle.

« Elle » alla chercher des feuilles de lierre et autres branchages dans la forêt qu'il fallut « qu'Elle » fasse sécher, puis « Elle » les dora pour les coller ensuite sur les menus, que « Elle » tapa. « Elle » prit des idées dans différentes boutiques de mariage et revues de décorations modernes et chics.

Pendant ce temps, Monsieur se permettait de donner son avis, en général négatif, sans argument – c'est tellement plus productif ! – et d'un ton dédaigneux, limite insolent, voire impertinent : « Non, tu vois ma Chérie, ça, j'aime pas. C'est vraiment pas terrible ! ».

Et elle de lui demander : « Ben alors, tu veux faire comment ? » Il lui répondait toujours sur le même ton : « Je sais pas, faut voir ».

Faut voir ? Mais « faut voir » quoi ?

Voilà le genre de réponse constructive à laquelle Emma avait droit : « Je sais pas… faut voir » !

Non seulement il intervenait à tout moment par des jugements stériles et improductifs, mais en plus, lorsqu'elle voulait savoir pourquoi ce qu'elle faisait ne lui plaisait pas, il n'arrivait pas à argumenter correctement ses avis et lui donnait des réponses qui n'en étaient pas et qui ne faisaient en rien avancer le problème.

Il était à tarter à ce moment-là !

Les préparatifs durèrent neuf mois. Et Emma tint bon neuf mois. Ces neuf mois furent interminables. Mais elle arriva à terme, non sans mal.

Les parents d'Emma, à qui elle montrait régulièrement toutes les étapes de ses réalisations, trouvaient ce qu'elle faisait très réussi et l'encourageaient. Ils étaient bien conscients du travail que cela lui procurait. Effectivement, elle y passait ses soirées entières, après une longue journée de travail, mais aussi tous ses week-ends. De son côté, alors qu'elle s'affairait, Jules se reposait ou se prélassait.

Du côté de la « famille du futur marié », il fallait tout revoir, car rien n'allait. Et, comme s'il s'agissait d'un trait de caractère héréditaire, la mère de Jules avait les mêmes remarques et réponses pertinentes que son fils : « Non, ça ne va pas. Je sais pas. Faut voir ! ». Et quand Emma pensait qu'elle faisait tout ça pour eux, pour que finalement, ils aient moins de choses à payer, elle était en rage ! Alors que les parents d'Emma auraient tout donné pour payer les faire-part et les menus et ainsi lui épargner un peu de temps libre, les parents de Jules freinaient des deux pieds comme pour empêcher la préparation du mariage.

Bref, elle avançait, tant bien que mal, dans sa besogne. Plus les jours passaient et plus la fatigue et l'énervement l'envahissaient. Mais tout fut prêt à temps : les faire-part d'abord puis les menus et la décoration de la salle.

Un soir, alors qu'elle était très fatiguée, Jules, était de mauvaise humeur, une fois de plus. Oui, il faut savoir qu'il faisait la tête pour un oui ou pour un non. Il était lunatique, versatile, élevé dans tout son poil, sans règles ni barrières. Alors dès qu'Emma n'allait pas dans son sens ou lui disait quelque chose qui ne lui convenait pas, il boudait. Ces longs silences étaient à n'en plus finir, si bien qu'à la fin, la jeune femme ne savait plus pourquoi il faisait son caprice et ni lui non plus d'ailleurs.

Cette soirée-là, elle était en train de se sécher les cheveux dans la salle de bains. À bout de nerfs, car Jules avait boudé toute la journée, et alors qu'elle venait d'envoyer les faire-part le jour même, elle se dirigea dans le bureau où il était et lui cria : « Si tu dois faire la tête comme ça tout le temps, je ne le supporterais pas toute ma vie. Autant annuler le mariage ! ». Sans attendre sa réponse, elle se réfugia aussitôt dans la salle de bains, prenant conscience de ce qu'elle venait de lui dire et surtout de ce qu'il pourrait lui répondre ! Les minutes passèrent. Jules ne vint pas. Elle attendait. Confinée. Que le temps lui sembla long ! Quand tout à coup, elle l'entendit bouger. Il vint vers elle, la regarda de son regard sombre puis lui sourit et passa son chemin. Ouf ! La catastrophe était évitée !

Il était temps que le mariage arrive, car les préparatifs leur sortaient par les yeux. Emma ne supportait plus tous ces détails qui hantaient ses nuits et ses jours. Elle ne supportait plus non plus son futur époux. S'il y avait eu ne serait-ce qu'un mois de plus, elle aurait divorcé avant même de s'être mariée.

Ce n'est pas pour rien que l'on dit que si un ménage résiste aux préparatifs du mariage, il est capable de résister à tout !

Elle ne le croyait pas jusqu'ici, mais désormais, elle y croyait dur comme fer !

Un « peu » d’éducation

Avant de continuer, il faut évoquer l’éducation d’Emma. Du côté de sa mère, elle était issue d’une famille de riches agriculteurs, très travailleurs, habitant dans un bourg en milieu rural. Ils étaient connus, reconnus et très appréciés dans leur petite ville. Ses grands-parents portaient des valeurs morales, d’entraide, de solidarité et de mérite.

Le frère de sa grand-mère maternelle décéda durant la Première Guerre mondiale. Il mourut pour la France, en héros au champ d’honneur. Il reçut la Croix de Guerre à titre posthume. Cette médaille fut créée au cours de l’année 1915 afin d’honorer les soldats vaillants. C’est l’emblème de la Grande Guerre. Le grand-père d’Emma, quant à lui, fit les deux guerres. Il reçut également la Croix de Guerre, mais aussi la Médaille militaire qui est la plus haute distinction militaire française destinée aux sous-officiers et aux soldats.

Ses aïeux ont toujours travaillé dur. Ils étaient courageux, infatigables et volontaires. Ils étaient aussi et surtout au service des autres habitants du village.

C’est dans ce milieu que la mère d’Emma, enfant unique, naquit et grandit. C’est dans cet environnement, un monde de durs labeurs ou pour y arriver il fallait se donner du mal, qu’elle évolua. La mère d’Emma fut la première femme à travailler en tant qu’agent général d’assurances, dans un univers encore très masculin. Elle dut s’imposer dans ce monde machiste. Elle se battit et lutta pour défendre ses opinions et se faire entendre. Cette profession et surtout son cadre la rendit résistante, persévérante, obstinée, avec un sens du travail bien fait. Cela lui forgea un caractère ferme et décidé. À l'image de ses parents, la mère d'Emma fut très investie pour sa commune et fut élue conseillère municipale durant dix-huit ans.

Et c'est avec ces antécédents qu'Emma fut élevée dans la même lignée. Avec en plus l'idée qu'une femme devait être financièrement indépendante et physiquement autonome.

Du côté du père d'Emma, il s'agissait d'une famille urbaine ou seul son grand-père travaillait comme ingénieur dans une entreprise d'armement. À cette époque, lorsque l'homme avait une bonne situation et gagnait suffisamment d'argent, la femme, elle, ne devait pas travailler. C'était le signe que la famille était aisée et allait bien. Son grand-père obtint la Légion d'honneur. À cette période, cette décoration voulait vraiment dire quelque chose. Il s'agissait de la plus haute distinction française et l'une des plus connues au monde. Depuis deux siècles, elle est remise au nom du Chef de l'État pour récompenser les citoyens les plus méritants dans tous les domaines d'activité. Son grand-père ne fit cependant jamais la guerre.

Son père, également enfant unique, fut élevé en enfant roi, par des femmes, entouré de sa grand-mère qu'il chérissait par-dessus tout et de sa mère. Il développa un caractère capricieux, ayant sans arrêt besoin d'une présence féminine, tout en voulant se faire respecter en « homme ».

L'éducation d'Emma, donnée exclusivement par sa mère, fut stricte, sans bavure, sans épanchement d'affection ni d'aucune autre sorte, mais avec une réelle bienveillance et une bonté sans limite.

Ses valeurs de famille étaient multiples : l'union, le partage, l'honnêteté, la sincérité, le courage et surtout le respect, avec un sens de l'honneur aigu.

Pour elle, la famille était le socle de tout. Elle devait être en mesure d'apporter l'équilibre, l'écoute, l'échange, la force, la compréhension, le soutien et surtout l'amour.

La famille était le refuge. Elle était composée exclusivement de personnes choisies, à comparer au monde du travail où l'on se retrouvait avec des personnes imposées et pas toujours d'une très grande sélection.

Voilà donc l'environnement qui avait été donné à Emma et qu'elle respectait plus que tout au monde. Au même titre qu'elle respectait et était très fière des valeurs qui lui avaient été transmises.

Vive la « belle »-mère !

La première prise de contact

Lorsqu'Emma vit les parents de Jules pour la première fois, elle envisageait être en toute quiétude avec eux. Elle avait espoir que leur famille s'agrandisse et s'unisse dans l'amour avec les notions qui lui avaient été transmises et qui étaient ancrées en elle. La jeune femme imaginait que lorsque ses parents, plus âgés que ceux de Jules, ne seraient plus de ce monde, elle pourrait alors se confier à la mère de Jules, comme elle avait toujours fait avec sa propre mère. Elle devinait son écoute et son soutien. De plus, Emma était la fille que la mère de Jules n'avait jamais eue. Elle était pleine d'espoir.

Mais elle regretta très vite que Jules ne fût pas orphelin.

Leur première rencontre se fit pourtant par une belle journée de printemps. Heureusement !

Il était convenu que les jeunes gens reçoivent les parents de Jules chez eux afin qu'ils puissent connaître leur environnement. Emma était toute heureuse dans la perspective de découvrir les parents de son amoureux et de faire leur connaissance. Ses parents et elle étant très proches, elle s'imaginait qu'il en serait de même avec les parents de Jules. Elle supposait que dans toutes les familles il en était ainsi.

Que nenni ! Point du tout !

Lorsqu'ils arrivèrent, la mère de Jules se dirigea d'abord vers son fils et l'embrassa. Puis, elle se tourna vers Emma et commença à la dévisager de bas en haut tel un lion devant une antilope avant de lui sauter à la gorge. Au moment de l'embrasser, elle enroula son bras autour du cou de la jeune fille, geste qu'Emma interpréta comme une marque d'affection intense, pour finalement saisir son col de chemisier, le retourner brutalement et y lire la marque de son vêtement. Emma fut prise d'une profonde stupéfaction. Cette attitude, déplacée, la laissa sans voix, les bras ballants, et la bouche ouverte. Mais, par la suite, elle sut que ce qui était important pour la mère de Jules, c'était l'apparence, les marques et non la richesse d'esprit ou la sympathie que les personnes pouvaient lui apporter.

Voici la description physique qu'Emma se fit de ce personnage : c'était une femme de petite taille, mesurant 1 m 50 à peine et chaussant au moins du 40. Elle était naturellement châtaine, mais se décolorait en blonde, ce qui faisait d'elle LA blonde décolorée de base, c'est-à-dire qu'elle avait des cheveux de couleur jaune pastis et de texture paille. Elle avait en permanence la flammèche en désordre. Ses dents, longues et avancées, faisaient de son sourire un beau sourire de canasson hébété. Ses bras étaient immensément longs et disproportionnés par rapport à sa taille, terminés par des mains gigantesques et des doigts infinis. Pour cette partie de son corps, on comprenait immédiatement, en la voyant, qu'elle descendait tout droit du singe. C'était un copier-coller de son ancêtre.

Voilà à peu près ce que vit Emma la première fois.

Alors qu'elle s'était appliquée à préparer un repas « digne de ce nom », Emma se rendit rapidement compte que les parents de Jules n'étaient pas venus pour passer du bon temps avec eux, mais bel et bien pour faire passer une sorte d'Imagerie par Résonance magnétique à la demoiselle. La mère de Jules lorgna tout l'intérieur de leur maison. Elle toucha à tout. Sa curiosité en était indiscrète. Elle alla partout, dans toutes les pièces, même dans leur chambre. Jules se taisait. Il arborait un large sourire niais, figé, tantôt gêné par l'attitude de sa mère, tantôt gêné par le regard interrogateur d'Emma. Il craignait les remontrances de sa mère, c'était certain.

Après le déjeuner, ils allèrent tous se balader. La mère de Jules accapara son fils tout du long, se cramponnant à son bras afin qu'il ne lui échappe pas. Jules était coincé entre son père et sa mère. Emma, quant à elle, demeura invisible à leurs yeux. Jules ne lui tenait même pas la main. Il ne faisait rien pour la mettre à l'aise avec ses parents et encore moins pour l'intégrer dans sa famille. Elle marchait seule, derrière.

En fin de journée, ils décidèrent de partir. Quelle heureuse nouvelle ! Ce fut le premier sentiment positif qu'Emma ressentit de cette affreuse journée. Elle était épuisée par tant d'énergies passées à tenter de se faire apprécier en vain et tellement déçue de cette première rencontre qu'elle avait imaginée si différente.

Elle se rendit vite compte qu'elle n'était absolument pas la bienvenue dans la famille de Jules. En effet, arrivée chez eux, la mère de Jules s'empressa de téléphoner à son fiston afin de lui confier qu'elle « ne la sentait pas du tout ».

Ce qui voulait dire dans son raisonnement de blonde stupide que si elle ne la sentait pas du tout, Jules ne devait pas la sentir non plus.

Super ! Les choses commençaient bien.

Donc, première impression : franchement épouvantable.

Et le père de Jules dans tout ça ? Il était d'un premier abord assez sympathique avec Emma. En fait, il ne disait rien, mais n'en pensait sans doute pas moins. Il était tout simplement sous l'emprise de son épouse qu'il craignait au plus haut point. C'était un véritable mouton de Panurge qui restait aux côtés de son épouse de peur de représailles. D'un abord agréable et souriant, on sentait bien qu'il faisait attention à ce qu'il disait ou à ce qu'il faisait, afin d'échapper à d'éventuels terribles châtiments. Il était de ce fait aussi dangereux que sa femme. Toutefois, il prenait garde de ne jamais la contrarier ni de la fâcher. Il faisait attention de ne pas aller à l'encontre des impressions de sa moitié.

Pourtant, Emma avait l'impression qu'il l'aimait bien.

Au fur et à mesure de leurs rencontres, Emma prit note que la mère de Jules avait des propos à l'égard de ses proches qu'elle qualifierait à la fois de cinglants, pervers, blessants et vexants. La marâtre jubilait lorsqu'elle pouvait offenser sa propre famille. Elle ne ménageait personne et s'en donnait à cœur joie. Elle était également d'une hypocrisie sans pareille. Ses airs sournois et perfides étaient sa marque de fabrique. Son père avait le même caractère fourbe que sa femme. C'était sans doute ce qui les rapprochait et les unissait.

D'amour et de haine

Avant leur mariage, la mère de Jules n'avait de cesse de lui faire des remarques désobligeantes. Elle était très désagréable envers Emma. Ses propos à son égard étaient remplis de venin destiné à la déstabiliser. Jules entendait tout ce qu'elle disait, mais n'intervenait jamais. Surtout pas ! Les canons auraient pu se tourner dans sa direction ensuite. Alors chuuut ! Courage, fuyons !

Cette femme était un véritable poison. Lorsqu'ils venaient en vacances chez les parents de Jules, Cruella suggérait à Emma de cuisiner, car elle n'y tenait pas. Elle devait également mettre le couvert et laver la vaisselle. Une fois, elle dit à la jeune femme qu'elle avait énormément de linge à repasser et qu'il serait de bon augure qu'elle le lui fasse. Pendant ce temps, toute la famille était allongée sur des chaises longues, au soleil, à feuilleter des magazines de décoration. Jules aussi…

Le mariage célébré, ce fut pire encore. Tout d'abord, la mère de Jules précisa à Emma qu'elle ne voulait pas être sa « belle-mère ». Elle trouvait que cela faisait trop vieux. Elle lui proposa d'être « sa copine ». Emma fit « oui » de la tête, tout en pensant à un grand « non » avec son cœur. En effet, elle avait toujours eu pour habitude de choisir ses copines et non qu'elles lui soient imposées. De plus, elle avait pour critères de sélection, la gentillesse, l'écoute, le partage et l'affection, ce qui, de toute évidence, ne correspondait pas à cet odieux énergumène.

Lorsque les photos du mariage furent développées, Morticia s'empressa de les montrer à ses copines. Mais stupeur ! Toutes trouvèrent Emma ravissante, merveilleuse, resplendissante. Elles considérèrent que Jules et elle formaient un très joli couple. Jules avait vraiment bon goût, disaient-elles. Blanche-Neige était devenue plus jolie que la Reine. Quelle horreur ! C'est à partir de cet instant-là, qu'à la pure méchanceté vinrent s'additionner la jalousie et l'envie.

La mère de Jules se mit à se comparer à sa belle-fille. Emma avait de jolis cheveux, pas elle. Oui, sans doute, mais Emma ne les décolorait pas. La jeune femme avait une belle peau, toute lisse, pas elle. Forcément, elle avait vingt-cinq ans de moins !

Puis, la marâtre lui offrit des cadeaux. Emma pensa alors que son regard avait peut-être enfin changé sur elle. C'est ainsi qu'elle lui offrit des jupes… trop étroites, qu'elle lui donna des pulls… qu'elle ne voulait plus porter et qu'Emma se sentait obligée d'accepter pour éviter une observation grinçante. Un jour, prise d'un geste généreux, cette bonne femme proposa même de lui offrir un bijou. Emma refusa. Mais sous l'insistance de sa « copine », Emma et elle s'acheminèrent vers une boutique de bijoux fantaisie réputée très chère. Là, elle lui demanda d'en choisir un. Emma s'exécuta, en prit un, mais pas trop cher, afin de ne pas avoir de réflexions par la suite. Et alors qu'elles se dirigeaient vers la caisse, la mère de Jules s'évinça et continua son chemin jusqu'à la sortie, laissant Emma seule, face à la caissière qui lui indiqua le prix à payer.

Une autre situation se produisit. C'était à l'occasion de Noël. Emma offrit un collier à sa belle-mère. Leurs relations devenant de plus en plus tendues, elle voulut montrer à Jules sa bonne intention envers sa mère. La mère de Jules le prit, lui donnant l'impression qu'il lui plaisait. Le mois suivant, alors que Emma et Jules retournaient chez les parents de ce dernier, Cruella prit Emma par le bras et la conduisit dans sa chambre. Là, elle ouvrit un tiroir et lui dit en se saisissant du collier offert à Noël : « Tiens, je te donne ce collier. Je ne sais plus qui me l'a offert, mais je le trouve vraiment très laid ! ». Emma resta sans voix, blessée, car elle savait très bien que cette crapule se souvenait que c'était elle qui lui avait offert.

Des anecdotes, Emma en avait des tas. Comme cette fois où, tout en riant comme un poney surmené, Maléfique lui donna une gifle « pour plaisanter », si peu forte, que la jeune fille garda les marques de ses longs doigts crochus sur la joue. Que pouvait-elle faire ? Lui remettre ?

Personne ne broncha dans l'assistance.

Tout ce qu'Emma subissait, tout ce qu'elle endurait d'humiliations, de propos désobligeants, de gestes déplacés, elle le fit pour son amoureux. Secrètement, elle espérait que Jules, un jour, vienne à son secours et la délivre des griffes de cet affreux dragon. Mais en vain.

Ces états de solitude, d'abaissement, de honte, lui laissèrent un goût amer dans la bouche et dans le cœur. Elle était seule face à la méchante, désarmée face à cette laideur d'âme. Toute situation en sa présence lui devenait de plus en plus pénible, infernale. Elle la supportait de moins en moins et il en allait de même pour Jules qui se cachait derrière elle plutôt que d'affronter sa mère pour sauver sa jeune épouse d'une mort certaine.

Une autre fois, alors qu'Emma et la mère de Jules se trouvaient assises dans le salon, cette dernière, regardant Emma dans les yeux, lui dit : « Qu'est-ce que tu es moche ! », sans raison apparente. Cela laissa une nouvelle fois Emma sans voix. Ou encore la fois où, après avoir tout juste accouché – et avoir pris plus de 30 kilos durant la grossesse – elle lui offrit un pyjama taille 38 en simili satin (donc qui ne se tend pas) et l'obligea à l'essayer devant elle sachant pertinemment qu'il ne lui irait pas ; et la fois où, voyant que son mariage battait de l'aile, elle affirma à sa belle-fille d'un ton grinçant : « Puisque mon mariage n'a pas l'air de tenir, je ferai tout pour que celui de mon fils ne tienne pas non plus ! ». Et c'est à Emma, la femme de son fils qu'elle le dit.

Elle faillit bien réussir…

Alors que Jules était présent dans la majorité des situations, sa lâcheté s'affichait désormais clairement devant Emma. Elle était placardée devant les yeux de la pauvre enfant, telle une affiche publicitaire lumineuse, que l'on ne peut pas éviter.

Emma était tellement déçue de lui, parce qu'il ne lui venait pas en aide. Il préférait la laisser seule, se débattre et s'enliser dans une marée noire de propos nauséabonds.

Mais elle était également déçue d'elle-même, d'y avoir cru, d'avoir cru en son chéri si fortement, d'avoir espéré qu'un jour, il deviendrait ce beau et vaillant Prince Charmant de son enfance, la sauvant Enfin.

Rien ne se passa en ce sens… jamais.

Bonne à rien,
mauvaise en tout

La mère de Jules était une femme qui n'avait jamais travaillé de sa vie. On peut donc penser qu'elle avait occupé ses journées en cuisinant de bons petits plats pour son mari et ses enfants, ou éventuellement en s'épanouissant dans des activités manuelles, ou encore en jardinant, ou alors en s'investissant dans des associations, ou bien en se donnant à fond dans le sport. Eh bien non, rien de tout cela !

En cuisine, elle ne valait rien. Par exemple, lorsqu'elle faisait cuire des œufs durs, elle les mettait dans une casserole remplie d'eau et les laissait sur le feu jusqu'à ce que l'eau s'évapore totalement. Et c'est uniquement lorsque les œufs éclataient qu'elle disait qu'ils étaient cuits !

Autre exemple : les cakes ne levaient jamais avec elle. Ils restaient toujours à l'état léthargique de « préparation », c'est-à-dire mou-visqueux à l'intérieur, tout en étant carbonisés à l'extérieur. Mais ce n'était pas sa faute. Cela ne venait pas d'elle. Évidemment que non, puisqu'elle était parfaite ! Il s'agissait du four qui ne fonctionnait pas correctement.

Pour ce qui était des moules marinières, elle les jetait dans un faitout d'eau bouillante, telles de simples pâtes. Inutile de préciser le goût exquis que pouvaient avoir les moules au sortir de ce bain à remous, sans herbes ni aromates. Préparation unique Mesdames et Messieurs, du jamais vu !

Pour les pâtes, elle n'avait pas sa pareille. Elle les faisait cuire dans de l'eau, sans sel, les laissait suffisamment longtemps pour ensuite, une fois cuites, les maintenir dans la casserole jusqu'à ce que l'eau soit absorbée par les pâtes. Puis elle les sortait pour les verser dans une passoire qui, par le fait, ne servait plus à rien. Elle attendait qu'elles prennent bien la forme de ladite passoire pour les verser ensuite dans un plat. Elle les amener ainsi à table, sans beurre ni sel et nous les servait sous forme de « flan ». Hum, quel délice ! Même en Angleterre ils ne les cuisinent pas de la sorte !

C'est dans cette maison qu'Emma comprit ce que voulait dire l'expression « une cuisine sans goût ni gounasse », c'est-à-dire sans goût ni saveurs. Elle y était ! En plein dedans !

Donc ce n'était pas un cordon bleu ! Et pourtant, elle se permettait de critiquer ses « copines » en disant que ce qu'elles cuisinaient était loin d'être bon. Elle donnait également quelques conseils culinaires à Emma soutenant notamment que les moules à la marinière se préparaient comme « Elle » le faisait, et pas autrement. Elle était tellement ridicule qu'Emma ne prenait même pas la peine de défendre son point de vue.

Quant au jardinage, les femmes aiment bien, parfois, jardiner, enlever les mauvaises herbes, planter une petite fleur par-ci, un pied de tomates cerises par-là et un poivron pour mettre dans la salade. Elle, non. Elle risquait de se casser les ongles, qu'elle avait toujours très longs et bien vernis d'ailleurs.

Elle « grattait la terre » comme elle disait. Personnellement, Emma n'avait jamais entendu cette expression. Pour elle, seul un chat ou un chien grattait la terre après avoir fait ses besoins dans un trou. Chez elle, on « enlevait » la mauvaise herbe ou on « cultivait » la terre.

Mais pour la mère de Jules, cela consistait à enlever quelques petites herbes, et parfois même de bonnes pousses.

Pour ce qui est d'un éventuel investissement dans une association. Pour quoi faire ? Elle ne pensait qu'à sa personne. Elle avait le nombril plus haut que ses oreilles. Elle n'avait certainement pas de place pour quelqu'un d'autre et encore moins pour plusieurs autres. Elle n'envisageait déjà pas de penser à son mari ni à ses enfants, alors ce n'était certainement pas pour penser à des étrangers ! Seules elle et sa petite personne lui importaient. Miroir, mon beau miroir…

Elle se sentait tellement belle et resplendissante que le sport lui était inutile. Pourtant, ses bras flasques et ses cuisses mollassonnes réclamaient quelques heures d'activité physique et même de l'endurance ! Un peu de gym ou une bonne marche auraient été bénéfiques aussi bien à sa structure de primate qu'à son esprit volatile.

En conclusion, la mère de Jules était une femme qui ne savait absolument Rien faire. À part être odieuse et méchante évidemment. On se demande vraiment à quoi elle pouvait passer ses journées à l'époque où son mari était au travail et ses enfants à l'école.

Cependant, dire qu'elle ne savait rien faire n'était pas tout à fait exact. Elle savait Par-Fai-Te-Ment bien faire les boutiques ! Et pas n'importe lesquelles ! Celles de déco et celles de vêtements exclusivement. Les autres n'ayant aucun intérêt à ses yeux. Et là, personne ne lui arrivait à la cheville ! Elle était imbattable sur les tendances printemps/été ou automne/hiver.

À longueur de journée et à longueur d'année, elle allait de boutiques en boutiques, semblable à un chien allant de pisse en pisse. La mère de Jules faisait les boutiques, sans arrêt, sans jamais être lasse, tous les jours, alors qu'elle avait déjà tout. Et même plus que tout. En effet, elle achetait des objets de déco qu'elle amoncelait ensuite dans un placard, car elle ne savait où les mettre chez elle, ayant déjà transformé sa maison en un musée de petites choses poussiéreuses.

Quant aux vêtements, elle les achetait par pulsion pour ensuite les revendre à ses « copines » à des prix exorbitants. Mais attention ! Uniquement des vêtements de marques. Sinon, ce n'était pas « du beau », comme elle aimait à le dire lorsqu'elle voulait préciser que c'était « cher ». Tout d'abord, Emma ne comprit pas ce que cette interjection venait faire là. Elle se doutait bien que si sa belle-mère avait acheté quelque chose, c'est qu'elle devait le trouver « beau ». Mais avec le temps, elle découvrit qu'en employant ces termes, elle tenait à indiquer qu'elle l'avait payé cher, voire très cher. Mais de cela, tout le monde se fichait… sauf peut-être le père de Jules qui devait se demander de combien il serait à découvert encore ce mois-ci ! Elle agissait de la même façon lorsqu'elle offrait des cadeaux. En général, elle s'exclamait de façon détournée. Discrétion, mais pour que tout le monde l'entende ! Alors bien souvent, elle se tournait vers la personne qui était à proximité et disait suffisamment fort « sa phrase fétiche » afin que la personne destinataire du présent comprenne bien qu'elle avait mis le prix. Quel manque de tact ! Et surtout quel manque d'éducation !

Par « marques », il faut comprendre qu'il s'agissait de marques de haute couture. Les marques qui défilent sur des podiums avec comme cintres des mannequins. Pas celles que l'on trouve dans toutes les galeries marchandes ou autres artères piétonnes, accessibles au commun des mortels et tellement « banales » ! Non, pour elle, il fallait de la haute couture ! Elle était tellement belle ! Surtout de dos !

Cette femme était également une éternelle insatisfaite, qui craignait de vieillir. L'union des deux faisait qu'elle s'achetait parfois, pour ne pas dire souvent, voire toujours, beaucoup, beaucoup trop de choses dites « faites pour les jeunes », de bon goût pour des personnes correspondant aux tranches d'âge choisies, et qui, sur elle, lui donnaient un « drôle de genre ». On aurait dit une « fille de joie ». Dès lors, à soixante-cinq ans, elle était capable d'avoir un string dépassant de son pantalon. Un décolleté jusqu'au nombril. Un chemisier transparent qui mettait en valeur ses seins en forme de gant de toilette avec une savonnette au fond. Très chic et distingué !

De plus, elle était tellement ridée que très vite on se rendait compte qu'elle n'était pas si jeune. Et quand on veut faire quelques années de moins, les rides sont sacrément handicapantes ! Alors, elle avait trouvé la solution : se maquiller. Outrageusement. Dès le lever, elle se maquillait, avant même de passer sous la douche.

Seulement, elle se maquillait sans ses lunettes, alors qu'elle était myope comme une taupe et aurait dû porter des « culs de bouteille ». Mais cela faisait plus jeune de ne pas porter de lunettes. Alors le trait noir sous les yeux était bien trop épais et débordait dans tous les sens, le fond de teint tellement foncé et plâtré qu'on aurait dit qu'elle revenait des sports d'hiver puisqu'elle évitait le pourtour des yeux ! Quant au rouge à lèvres, elle s'en barbouillait tellement qu'elle avait une bouche d'imitation siliconée. Bref, un vrai chef-d'œuvre ! Ou une véritable poupée de cire… du musée Grévin. Non, un tableau ! De Picasso !

Mais malgré tout cela, au grand étonnement d'Emma, cette femme, au début, était la belle-mère qu'elle avait toujours rêvée d'avoir…

C'était E-XAC-TE-MENT comme ça qu'elle se l'était imaginée dans l'idéal de la belle-mère.

Pourquoi ? Tout simplement parce qu'elle ne savait rien faire et que Emma, à côté, savait forcément faire plein de choses. En effet, les belles-mères veulent en général que leur belle-fille sache faire beaucoup de choses afin que leur fiston soit entre de bonnes mains, bien traité et ne manque de rien. Entendons par « bien traité » qu'il mange à sa faim des plats biens cuisinés.

Alors, lorsqu'une belle-fille tombe sur une belle-mère qui sait tout faire : le ménage, le repassage, la cuisine, tout en gérant les bambins après une journée de travail, il est naturellement plus difficile d'être à la hauteur.

Tandis que là, avec une belle-mère pareille, Emma était large ! En comparaison, la jeune femme savait faire plein de choses !

Alors elle n'eut aucun mal à faire en sorte que Jules se sente mieux avec elle qu'avec sa mère !

Nombriliste ?
Pensez-vous !

Il faut savoir que la mère de Jules avait constamment un air supérieur. Elle avait une très haute opinion d'elle-même et se croyait intelligente alors que ses neurones avaient été rincés à l'eau de vaisselle. Elle avait arrêté l'école très tôt, mais connaissait tout sur tout. Du moins le croyait-elle. Et comme elle le disait insolemment, elle côtoyait « du beau monde » ! Lorsqu'elle employait ce terme, cela voulait tout dire… et surtout ne rien dire du tout !

Dans sa vie, et par l'intermédiaire du travail de son mari, cette vieille chouette avait assisté à des soirées avec des collègues ou amis de son époux. Elle en était très fière et accaparait ces invitations à titre personnel, sans doute parce qu'elle avait toujours pensé, dans sa tête pleine de courants d'air, que le monde ne pouvait tourner sans elle.

Aussi, lorsqu'elle racontait les dîners auxquels elle avait participé, Emma ne pouvait s'empêcher de plaindre les personnes qui avaient été placées à côté d'elle à table et qui avaient dû la subir durant toute la soirée.

Dans des moments comme ceux-là, la jeune femme avait juste envie de la prendre par la perruque, lui dévisser la tête et lui retirer sa dentition de cheval.

Elle qui avait été élevée dans la modestie, l'union, le partage et avant tout la richesse humaine, elle était servie ! Sa belle–mère était tout le contraire. Les repères de la jeune femme s'effondraient de jour en jour et son enthousiasme aussi.

Pour couronner le tout, la vieille carne avait une voix horriblement aiguë, presque stridente qui pouvait siffler lorsqu'elle faisait une remarque acerbe. Tout le monde était au garde-à-vous devant elle. Tout était tourné vers elle. Tout se rapportait à elle. Elle était le fléau de la famille. Emma avait de plus en plus de difficulté à supporter cette voix qui disait n'importe quoi tout le temps. Elle calomniait tout le monde. Pour ensuite, devant les personnes, leur faire un large sourire et les complimenter sur leur look.

Bref, en fin de journée, la jeune femme était épuisée par tant de haine et d'aversion qui n'en finissaient pas de sortir de sa bouche telle une cascade violente et infectée de vipères sifflantes. Dans tout ce qu'elle disait, il y avait un mélange de colère et de jalousie, de haine et d'envie. Cette brutalité démesurée répulsait et alourdissait la jeune mariée. Elle supportait ses dires avec beaucoup de difficultés et uniquement pour faire plaisir à Jules.

Alors que dans la famille d'Emma tout passait par l'échange, dans celle de Jules, tout était sous silence. Les hommes de cette famille n'avaient de cesse d'acquiescer les dires de sa Majesté. Emma comprit par la suite que cette stratégie avait pour unique but de préserver leur paix et de ne pas faire l'objet des foudres de guerre de ce drôle de personnage.

Le déménagement

À l'aventure !

Donc, Jules et Emma, se marièrent. Emma pensait à présent que le plus difficile était fait et que maintenant, ils allaient pouvoir « couler des jours heureux ».

Eh bien, pas du tout ! Rien à voir avec les contes de fées que sa mère lui avait racontés. Le « ils se marièrent et vécurent heureux », n'existe pas. Ça, elle ne le savait pas et pensait que tout irait mieux après le mariage. Eh bien pas du tout !

À l'époque, ils habitaient dans une ville très agréable, dans le sud de la France. Ils étaient locataires dans une petite maison où ils se sentaient bien.

Jules était en contrat à durée déterminée dans un grand groupe et elle travaillait dans la Fonction publique, à un poste qu'elle adorait et où elle s'épanouissait.

Tout se passait bien. Ils avaient même un adorable petit chien.

Il faut, ici, apporter une précision. Lorsque Jules et Emma se retrouvèrent, Jules n'avait pas de moyen de locomotion, car il arrivait de Paris où il empruntait principalement les transports en commun. Mais auparavant, avant de « monter à la capitale », il avait acheté une voiture. Voyant qu'il n'en aurait plus l'utilité dans cette grande ville, il missionna ses parents pour la revendre. Il était convenu que l'argent de cette vente serait reversé sur le compte de Jules, étant donné que c'était lui qui avait acheté son véhicule et de ce fait, il pourrait l'utiliser lorsque bon lui semblerait.

Alors, arrivé dans le sud, il voulut faire l'acquisition d'une petite berline. Cette région étant moins bien desservie en moyens de locomotion publics qu'à Paris, il était plus commode pour Jules d'avoir son propre véhicule pour se déplacer jusqu'à son travail. Ne l'ayant jamais reçu sur son compte en banque, il demanda alors, tout naturellement, l'argent de la vente de son ancien véhicule à ses parents. Mais voilà, il y avait un « hic ». Ses parents l'avaient dilapidé ! Sa mère – quelle femme formidable et mère exemplaire ! – lui proposa donc de faire un emprunt étudiant, étant donné qu'il pouvait encore y prétendre et que le taux de l'emprunt était intéressant.

Elle lui certifia de sa bonne foi et sur son honneur qu'elle lui rembourserait au fur et à mesure l'argent qu'il devrait verser tous les mois.

Jules, confiant, fit par conséquent ce que sa maman chérie lui avait indiqué et contracta un crédit pour acheter une voiture.

Excepté que, étant donné qu'elle était sans scrupule, sans honneur et surtout sans valeurs familiales, même envers son propre fils, cela ne lui posa aucun problème de ne JAMAIS rembourser le prêt.

Alors, durant tout le temps de son contrat, Jules reversait ladite somme de l'emprunt, tant bien que mal, sans rien réclamer à sa mère ni à ses parents en général. Cela faisait bouillir Emma ! Et puis un jour, son contrat arriva à terme et plus aucun argent ne rentra sur son compte. Mais l'emprunt, lui, continuait de courir. Et Jules, très courageux, vaillant chevalier, définitivement héroïque aux yeux d'Emma, craignit d'affronter ses parents, et encore plus sa mère, pour leur exposer la situation et leur réclamer son dû. Alors il décida de chercher un emploi, n'importe où. Il fit maints et maints courriers pour des postes dans toute la France. Il fallait aller vite, très vite, car l'emprunt courait vite, très vite, et puisait dans ses menues économies. Il éplucha les annonces et envoya de nombreuses lettres de motivation. Il écrivit dans une ville en Bretagne, puis dans le Grand-Est et enfin en Auvergne-Rhône-Alpes.

La première lettre qu'il reçut en réponse à ses courriers venait du Grand-Est. Il était invité à un entretien d'embauche. Donc il s'y rendit.

De son côté, et comme elle connaissait bien Jules, Emma ne se faisait aucun souci. Étant donné qu'il parlait peu, voire pas du tout, elle était persuadée qu'il ne pouvait être retenu au poste requis. En effet, elle se disait qu'il ne saurait pas se présenter correctement et qu'il n'était pas non plus en mesure d'exprimer ses exigences ni ses souhaits. Elle l'imaginait en train de bafouiller, voire de bégayer en réponse à chaque question posée.

En fin de journée, alors qu'il était encore dans le train, il l'appela pour lui dire qu'ils étaient d'accord pour l'embaucher.

Quelle surprise ! Puis quelle panique !

Emma ne savait même pas où se situait cette ville sur la carte de France ! Étant originaire du Sud-Ouest, pour elle, le Nord se limitait à Poitiers et toute la partie est de la France n'existait pas. Alors elle saisit rapidement une encyclopédie, la feuilleta. D'abord, elle ne vit rien. Trop de villes ! Trop de noms ! Mais où est-elle ? Où peut-elle bien être ? Et tout à coup, entourée de villes à consonances germaniques, imprononçables pour elle qui avait fait des études hispaniques, elle la vit. Elle se situait tout en haut à droite de la carte de France. Qu'elle était haut perchée ! Qu'il devait faire froid et gris là-haut ! Emma était toute chamboulée. Elle ne se voyait pas déménager pour vivre si haut et si loin de sa région d'origine.

Quelques heures plus tard, Jules rentra tout heureux à la maison. Il avait réussi son entretien et était soulagé d'être pris et donc de ne pas réclamer l'argent à ses parents. Le lendemain, il reçut un autre courrier d'une ville en Bretagne. Il était convié de nouveau à un entretien et de nouveau il fut pris.

L'emprunt continuant de courir et les richesses s'amenuisant, Jules demanda alors à Emma de faire un choix : « On bouge en Bretagne ou en Alsace-Lorraine ? Tu choisis ! ». « Tu choisis, tu parles ! », se dit la jeune femme. Il ne lui demanda même pas si elle désirait changer de région. Pour Jules, c'était très clair. Il fallait qu'il prenne l'un de ces deux postes afin de renflouer les caisses. Alors, pour lui faire plaisir, et depuis le début de sa relation, Emma était prête à tout pour lui faire plaisir. S'il devait se sentir bien et ne pas braver ses parents, si cela était son choix, alors elle devait s'y plier.

Cependant, dans sa tête, la mort dans l'âme, le cœur en berne, elle avait à choisir entre la peste et le choléra. Désireuse de rendre son mari heureux, elle lui dit : « D'accord, on bouge, mais je préférerais dans le Nord-Ouest ».

Lui, préférait le Nord-Est. En effet, l'entreprise lui proposait de tout payer : le déménagement, le transport, la location d'une habitation et même de trouver un poste à Emma. Tu parles !

Jules se mit en colère face au choix d'Emma. Il lui dit que 8 heures de route aller et 8 heures retour pour aller voir ses parents, cela pouvait se faire en un week-end sans fatigue. Il lui affirma même que le climat en Alsace-Lorraine était comme celui du Sud-Ouest. Mon œil ! Heureusement, elle tint bon. Et il céda pour le Nord-Ouest.

C'est à cet instant que le déchirement commença pour Emma. Son cœur était en sang. Elle devait s'éloigner de ses parents qu'elle chérissait tant, de ses amies et de sa région, la terre qui l'avait nourrie et à laquelle elle était tellement attachée. Elle pensait alors que c'était sans doute le prix à payer lorsque l'on était mariée. La femme devait rendre son mari heureux, à tout prix, coûte que coûte, et quoi qu'il lui en coûte. Et elle, cette décision lui coûta vraiment.

À aucun moment, Jules ne se préoccupa de ce qu'elle ressentait. À aucun moment, il ne lui demanda ce qu'elle éprouvait. Et à aucun moment, il s'inquiéta de savoir si elle allait bien.

L'important pour le jeune homme, c'est qu'il était tiré d'affaire. Il s'en sortait sain et sauf. Et lui, il savait ce qui était important !

Pour Emma, une brèche s'ouvrit à cet instant. Elle perçut que Jules ressemblait à sa mère. Elle comprit qu'il ne serait jamais là pour elle. Seule sa peau comptait à ses yeux. Celle des autres n'avait que peu d'importance et de prix, même celle de sa propre épouse.

On plie bagage !

Pour le déménagement, il fallut tout mettre en carton. Nouvelle aventure pour Emma qui n'avait jamais vraiment déménagé ni quitté sa maison familiale, socle de son existence. Que de choses à plier, à protéger, à bien caler ! À l'image de l'organisation de leur mariage, c'est elle qui eut la charge de la mise en carton. Jules avait toujours cette façon extraordinaire de mettre en avant les compétences des autres, de les valoriser, lorsqu'il ne voulait pas effectuer le travail lui-même. « Je préférerais que tu le fasses, ma Chérie, tu le fais tellement mieux que moi ! » ou encore : « Tu sais, moi, je vais tout casser, alors que toi, ma chérie, tu es si adroite et méticuleuse ! ». Et elle se laissait toujours prendre au piège. Cela ne faisait que quelques mois qu'ils étaient mariés. Et elle était toute dévouée à son époux, pensant toujours trouver un jour le Prince Charmant qui dormait sans doute en lui et qui volerait à son secours.

Une fois les cartons faits, ils louèrent un camion. Jules et elle partirent avec la voiture d'Emma pour le chercher. Au moment de le récupérer, le responsable tendit les clefs à Jules afin qu'il le conduise. Et que fit Jules ? Il se tourna vers Emma et les lui remit ! Il se cacha derrière un « Tu conduis tellement mieux que moi, ma chérie ! ». C'était donc à Emma de conduire le camion alors que lui, se dirigeait vers la voiture. Elle n'en croyait pas ses yeux ! Encore une fois, elle ne se sentit pas protégée par Jules. Elle n'avait pas d'épaule sur laquelle elle pouvait s'appuyer. Personne n'était là pour elle, alors qu'à l'inverse, elle était toujours là pour lui. Et encore une fois, cette expérience conforta son douloureux sentiment de « solitude à deux ».

Arrivés à la maison, elle en camion bruyant et Jules en auto tout confort, ils durent charger, un à un, tous les deux, les meubles et cartons dans le poids lourd. Ils disposaient du camion pour deux jours uniquement. Aussitôt le camion plein, exténués par le chargement, ils partaient dans leur nouvelle location trouvée par Jules quelques jours auparavant. Au premier déchargement, lorsqu'ils arrivèrent dans leur nouvelle ville, la nuit était tombée. Il fallut tout décharger par un froid de canard et une pluie battante. Ils avaient si peu de temps qu'ils mangèrent dans le camion, en roulant. Emma n'eut pas le temps de faire le tour de sa nouvelle maison. Elle ne vit rien.

Ce n'est que le lendemain et en plein jour, alors qu'ils effectuaient leur dernier déchargement qu'Emma se rendit compte qu'ils avaient « atterri » dans une commune minuscule – « trou du cul du monde » – ravitaillée par les corbeaux lorsqu'ils y pensaient. Et pour couronner le tout, Jules et elle étaient en plein mois de novembre qui, comme tout le monde le sait, est le mois le plus doux et le plus merveilleux de l'année. Belle saison pour se faire à une nouvelle région et à un nouveau climat ! C'est ainsi qu'elle comprit davantage pourquoi la nature était si verte à comparer à celle du Sud-ouest : il pleuvait continuellement ! Et quand elle se dit qu'il pleuvait, elle voulait dire qu'il pleuvait « comme vache qui pisse ». Là-bas, ils disent « il jette l'eau ». Et cette image est encore plus appropriée.

La première chose qu'elle acheta fut un coupe-vent avec une capuche. Elle n'en avait pas auparavant. C'est surtout qu'elle n'en avait pas l'utilité, mais se rendit vite à l'évidence qu'un parapluie ne tenait pas longtemps face à un vent « à écorner les bœufs » lorsqu'il faisait « un froid de canard ». Toutes ces expressions, qu'elle avait toujours entendues, prenaient tout leur sens dans cette partie de la France. Et elle en découvrit de nouvelles :

« Qui trop écoute la météo, passe sa vie au bistrot », « Quand les mouettes volent bec au vent, signe de mauvais temps », « Quand le goéland se gratte le gland, c'est qu'il va faire mauvais temps. Quand il se gratte le cul, c'est qu'il ne fera pas beau non plus ».

Quel changement !
Quel dépaysement !
Quel bouleversement !

C'était donc cela le Nord-Ouest ! Jules, pour sa part, avait l'air épanoui par son nouveau travail. Lorsqu'il rentrait, il mettait les pieds sous la table et regardait la télévision.

Alors qu'Emma cherchait à s'intéresser à ce qu'il faisait dans la journée en lui posant diverses questions, il lui répondait : « Écoute, à la maison, je n'ai pas envie de parler travail. » Sujet clos. Jamais, lui, ne la questionnait pour savoir si elle avait passé une agréable journée ou si elle avait rencontré des personnes dans ce trou à rats.

Alors qu'avant de venir dans cette région pluvieuse, il lui avait promis que par l'intermédiaire de son entreprise qu'il l'aiderait à trouver du travail, une fois sur place. Elle restait à la maison, ne sachant comment s'occuper, sans travail, ni famille, ni amies. Elle se sentait seule, désemparée, désespérée, inutile, oubliée de tous et surtout abandonnée – encore une fois – par son mari. Mais peu importe, Jules était bien, il avait ce qu'il voulait.

Emma prit peu à peu l'habitude de s'effacer. Elle accepta sa fatalité.

Ce qui la contentait, c'était que Jules soit bien. Il pouvait désormais payer son emprunt. En retour ? Elle était délocalisée, avait tout quitté, était seule, devenant plus triste de jour en jour. Qui s'en inquiétait à part sa mère qui l'appelait tous les jours, sentant bien à sa voix que tout n'était pas si rose pour elle ?

De la part de Jules, aucun remerciement, aucune reconnaissance, aucune gratitude, aucune affection particulière en retour.

Tout ce qu'avait fait Emma était « normal ».

Les joies de la grossesse

Je suis enceinte : Youki !
Ah zut !

Étant seule toute la journée à la maison, elle s'occupait en allant sur l'ordinateur plusieurs fois par jour. Principalement, elle cherchait des astuces sur le jardinage, prenait des idées de bricolage et des recettes de cuisine. Et un jour, elle tomba, sur un article dont le sujet traitait des adoptions à la suite des problèmes rencontrés lors de la conception.

Elle se mit alors à lire attentivement différentes chroniques traitant de ce sujet. À force de se renseigner pour savoir à quel moment un couple pouvait adopter s'il n'avait pas d'enfant, elle apprit qu'il fallait attendre un an « sans résultat » avant de faire des démarches. Un an ? Mais que c'est long !

Jules et elle n'étaient pas très vieux, mais ils n'étaient plus non plus tout jeunes. Elle sentait bien que ses ovaires brûlaient d'impatience de fonctionner « utile ».

Aussi un soir, elle en fit part à Jules afin « d'essayer ». Jules se prêta sans hésiter à l'expérience. Aussitôt dit, aussitôt fait, les voilà en train de se câliner.

Et cet essai fut transformé en but !

C'est ainsi qu'un matin elle se réveilla avec une incroyable nausée. Tous ses sens étaient en éveil. Elle pouvait sentir à plusieurs kilomètres l'odeur des champs de poireaux. Ils étaient effectivement dans une région « envahie » par les maraîchers et à cette époque de l'année, les poireaux poussaient !

Sa première impression fut : « Chouette, ça a marché ! Et du premier coup ! ». Tout allait donc bien biologiquement. Jules et elle fonctionnaient à la perfection ! Mais sa deuxième impression fut moins enjouée : « Ah zut ! C'était juste pour essayer ! ». Et enfin, sa troisième impression fut : « Que va-t-il se passer maintenant ? Que va-t-il m'arriver ? Qu'est-ce qui m'attend ? ».

En effet, étant fille unique et fille d'enfants uniques, par conséquent sans sœur, sans cousine et n'ayant pas de copines devenues mamans, elle ne savait absolument pas à quoi s'attendre quant à l'évolution des « évènements ».

Voilà l'état d'esprit dans lequel elle se trouvait alors.

Les mois se succédaient. Ses kilos aussi. Jusqu'au septième mois, tout allait pour le mieux. Elle était heureuse de s'arrondir. Jules la prenait en photo à chaque début de nouveau mois. Elle posait, toute fière d'avoir ses nouvelles rondeurs. Elle se trouvait jolie enceinte. Au huitième mois, alors qu'elle atteignait son trentième kilo, elle eut une prise de conscience. Comment serait-elle après ? Son ventre allait-il redevenir plat comme avant, après avoir été aussi arrondi ? Ou bien allait-il tomber sur ses genoux ? À l'heure actuelle, il l'empêchait de voir ses pieds. Cela allait-il durer ensuite ?

À partir de cet instant, elle cessa de se peser. Elle voyait bien que ses doigts gonflaient au même rythme que ses joues. Elle se rendait bien compte qu'allongée, elle devait se positionner sur le côté pour ensuite rouler vers le rebord du lit et pouvoir poser un pied par terre. Cette attitude de « baleine échouée » lui pesait. Elle avait trouvé une astuce pour rentrer dans leur minuscule douche-cabine : elle mettait tout d'abord un pied dans le bac à douche puis se calait la raie des fesses dans la porte – pas très agréable – et positionnait son ventre pour le faire passer à l'intérieur avant de pouvoir mettre son autre pied.

À huit mois et demi, elle dut faire une prise de sang de contrôle. L'infirmière lui demanda de bien vouloir s'installer sur un fauteuil articulé qu'elle bascula ensuite vers l'arrière, car étant sensible aux piqûres en général et sujette aux étourdissements en particulier, c'était l'unique solution pour que tout se passe bien. À peine le sang collecté, l'infirmière tourna des talons, laissant Emma seule quelques instants, sur le dos, dans ce fichu fauteuil. Impossible pour elle de se lever ! Plus elle se débattait en voulant prendre appui par-ci ou par-là, moins elle arrivait à se soulever. Les bras du fauteuil partaient dans tous les sens et ne l'aidaient en rien à se relever. N'ayant plus d'abdominaux depuis longtemps, il était illusoire de pouvoir imaginer se relever uniquement à l'aide de son ventre. Elle finit donc par appeler timidement l'infirmière : « Excusez-moi… excusez-moi… ». Celle-ci revint enfin et l'aida, non sans difficultés, à la redresser.

Être enceinte ne fut pas pour Emma un véritable plaisir. Certaines femmes se sentent épanouies à ce moment-là. Emma, elle, se sentait grosse, tout simplement. Ce qu'elle voulait par-dessus tout, c'était voir son bébé. Sa petite frimousse. Lui faire des bisous. Le câliner. Le prendre dans ses bras. Lui parler. Lui donner tout son amour. Aussi lorsque la sage-femme lui indiqua qu'il serait bon qu'elle parle à son bébé alors qu'il était encore dans son ventre, Emma trouva cela ridicule. Cela lui fit le même effet que si elle lui avait demandé de parler à son genou !

C'était complètement idiot, car dénué de bon sens !

Enfin, te voilà !

Lors d'un cours de préparation à l'accouchement, la sage-femme avait averti les jeunes parents, que pour un premier enfant, il n'était pas rare d'accoucher après terme. Aussi, lorsque l'enfant ne semblait pas décidé à sortir, et pour éviter une césarienne, elle conseillait au couple d'avoir un rapport sexuel afin que le sperme vienne « ronger » la poche des eaux et ainsi favoriser la venue du bébé.

Au neuvième mois, se voyant grossir à vue d'œil et chaque jour davantage, Emma demanda un soir à Jules : « Jules, il faut que nous fassions un câlin. Je n'en peux plus de grossir. Je vais finir par exploser ou bien imploser ! Y a une vie après l'accouchement ! Que vais-je devenir ? Et si ça continue, je vais finir baleine et conserver ce poids tout le restant de mes jours ! Il faut que nous fassions un câlin ! Alors tu te débrouilles comme tu peux, ce sera sans doute plutôt gynécologique qu'érotique, mais il faut absolument que j'accouche prochainement ! Je ne veux pas rester comme ça ! Je n'en peux plus ! ». Jules, très compréhensif, s'exécuta. Il est à préciser que dans ce domaine, Jules était plutôt très volontaire.

Ce fut, comme prévu, du domaine gynécologique. Mais peu importe, le matin suivant, Emma perdait les eaux.

Arrivé à la clinique, le jeune couple fut pris en charge par une sage-femme horrible, sévère, incompréhensive et insensible. Elle n'avait que faire d'Emma, de Jules et de leur futur bébé. Elle était d'une brutalité incroyable. Elle semblait blasée par son métier.

Heureusement que Jules était près d'Emma. À ce moment-là de sa vie, il faut bien l'avouer, Jules assura vraiment.

Une fois la péridurale posée, Emma ne cessait de s'auto-injecter le produit : elle craignait trop d'avoir mal le moment venu. Jules restait patiemment à ses côtés, tâchant de la rassurer alors que lui-même ne l'était pas. Les heures passaient…

Quand tout à coup, la sage-femme entra dans la chambre pour lui raser l'entrejambe afin de faciliter le passage du bébé et surtout les quelques points qui allaient certainement en résulter ensuite. Néanmoins, après dix-sept heures de travail et ne voyant toujours pas le bout du nez de l'enfant, le chirurgien vint à son tour leur annoncer qu'il était préférable de procéder à une césarienne. La sage-femme la rasa alors plus haut, laissant une minuscule touffe entre les deux parties taillées. Super look !

Les jambes de la future maman étaient complètement endormies par le produit anesthésiant aussi les brancardiers et la sage-femme décidèrent de la porter afin de l'installer sur la table d'opération. Et là, l'incroyable se produisit : un pet sortit du corps d'Emma. Un pet dont elle aurait eu honte en temps normal, son éducation l'en interdisant. Mais là, il fut dirigé en plein dans les narines de la sage-femme désagréable qui essayait de la soulever. Cette dernière eut un sursaut de surprise et peut-être de désagrément !

Mais peu importe, ce fut la revanche d'Emma… bien malgré elle, mais revanche quand même !

Et Pierre naquit ! Enfin, le voilà ! Ce bébé tant attendu ! C'était un bébé merveilleux. Dès qu'Emma le vit, elle se sentit pleine d'amour pour lui et immédiatement responsable de lui, prête à sortir les griffes telle une lionne, pour le défendre et le protéger. Il était son joyau, sa vie, sa raison d'être. Pour lui, elle se sentait capable de se bagarrer avec n'importe qui, même un videur de boîte si nécessaire.

Tout le temps où elle resta à la maternité, elle trouva que Pierre pleurait mieux que les autres nouveau-nés. Il était aussi plus beau. Plus grand. Plus jaune et donc avec une meilleure mine que les autres.

Dès sa naissance, Pierre et elle furent fusionnels. Elle était en totale admiration devant lui et il ne cessait de la regarder. Déjà, ces deux-là se comprenaient.

Un matin, alors qu'Emma, appliquée, changeait la couche de Pierre, ce dernier lui fit pipi dessus. Sans doute voulait-il marquer son territoire, pensa-t-elle en éclatant de rire, surprise !

Après une semaine à la clinique, ils rentrèrent tous les deux à la maison.

Emma passait ses journées à admirer leur enfant. Enfin, leur enfant, il s'agissait plutôt de « son » enfant. En effet, Jules, absorbé par son travail, rentrait le soir tard et ne lui adressait même pas la parole.

À cette époque de sa vie, elle aurait tout donné pour qu'il lui raconte sa journée, dehors. Ce qu'il faisait, ce qu'il apprenait dans son travail, ce qu'il mangeait le midi, qui il rencontrait. Bref, tout un tas de choses communes dont on ne fait pas cas en temps normal, mais qui lui auraient fait du bien à ce moment-là et qui l'auraient aidé à s'évader un peu. Mais non.

Il ne lui offrit pas de bijou non plus, comme le veut la tradition. Ou plutôt si, il lui offrit une bague, à la suite de la demande insistante de la jeune femme et comme pour en être débarrassé. Il lui dit : « Lorsque tu iras voir tes parents, tu n'auras qu'à t'en choisir une, tu la paieras et je te rembourserai… ». Quel romantisme ! Quel amour du geste ! Quel sentimental ce Jules ! Quel goujat, oui !

Cependant, elle fit, car elle considéra qu'elle l'avait bien méritée. Sa mère trouva ce procédé un peu cavalier, mais ne voulait pas se mêler de leur vie.

Jules avait de la chance d'avoir une épouse comme elle, qui ne haussait pas la voix dès que quelque chose la dérangeait, qui n'en profitait pas pour prendre une bague d'une grande valeur. Il y en aurait d'autres qui ne se seraient pas gênées pour le faire. Eh bien elle, non. Elle s'acheta une bague avec des éclats de diamants et un minuscule saphir au centre.

Emma resta toujours honnête envers Jules, qu'il soit aimant ou non, qu'elle se sente seule ou pas, qu'il soit présent à ses côtés ou totalement absent.

Ça y est,
j’ai trouvé du travail !

Les premiers pas vers la liberté

Pierre venait d'avoir deux ans. Emma décida de reprendre ses recherches d'emploi pour réintégrer une vie active. Mais cette fois-ci, seule, sans compter sur Jules.

Cela ne voulait pas dire qu'avec Pierre elle n'était pas active. Loin de là ! Pour toutes celles qui ont des enfants, elles savent bien qu'avoir un enfant n'est pas une mince affaire. Surtout que, ses parents étant loin, elle devait se débrouiller seule. Heureusement que sa mère avait toujours la gentillesse de venir la voir de temps en temps afin de lui prodiguer quelques petits conseils pour débuter dans sa nouvelle vie. Pendant ce temps, son père appelait tous les jours pour savoir si tout allait bien. Emma fut continuellement enveloppée de l'affection de ses parents.

Pour sa recherche d'emploi, cette fois-ci, elle ne compterait que sur elle ! Elle commença par envoyer un courrier dans une commune voisine de la sienne. La manœuvre n'était pas aisée, car elle se sentait plus ou moins prête pour laisser Pierre à une assistante maternelle, c'est-à-dire à une parfaite inconnue. Mais bon, elle avait fini par franchir le pas. Curriculum Vitae fraîchement terminé, lettre de motivation manuscrite, enveloppe timbrée, et hop ! Tout fut posté.

Quelques jours plus tard, elle reçut un appel téléphonique. « Bonjour Madame ! J'ai bien reçu votre CV et votre lettre de motivation. Figurez-vous que nous recherchons quelqu'un pour travailler à l'accueil de notre mairie. Le poste vous intéresserait-il ? ». Et Emma de répondre un grand : « OUI ! ».

À cette nouvelle, elle se sentit pousser des ailes, portée par un petit nuage, folle de joie de pouvoir enfin sortir de chez elle et surtout de rencontrer des personnes, de leur parler et donc de sortir des « gouzous gouzous », « areuh areuh » et principalement du silence de son mari.

L'effet bonheur retomba rapidement, laissant place à l'inquiétude : « L'accueil, m'a-t-il dit ? Mais je n'en ai jamais fait. Bon, ça ne doit pas être difficile ! »

Le jour suivant, elle avait rendez-vous dans cette mairie avec le maire et ses adjoints pour qu'ils la présentent au personnel et surtout pour qu'ils lui indiquent son futur poste. Enfin, concernant le personnel, il s'agissait uniquement de la secrétaire de mairie. Ah bon, ils n'étaient que deux !

Après avoir côtoyé une grande collectivité, avoir occupé un poste qu'elle adorait, la voilà dans une commune riquiqui, à l'accueil ! Le grand saut et tout ça sans filet !

Ce poste fut… instructif.

Elle était en remplacement d'une personne, elle-même en congé parental, qui avait sans doute l'habitude du dialecte local. Emma découvrit la grammaire « autochtone ». Alors les premiers échanges furent laborieux et quasi incompréhensibles pour elle.

Il faut savoir que les personnes de cette région n'utilisaient pas le subjonctif. Ainsi donc, cela ne leur procurait aucune nuisance sonore à l'écoute d'un « il faut que j'aille chercher mon pain » ou encore, « il faut que je sache ce qu'il en est ». Un petit « Comment qu'c'est ? » par-ci, en guise de « Comment allez-vous ? », un autre « kenavo » par là pour dire « salut ! » et hop, la voilà presque dans le bain ! Enfin, la tête sous l'eau !

Mais le plus compliqué fut de répondre au téléphone. Non pas qu'elle ne savait pas comment s'y prendre. Mais elle se trouvait confrontée à des requêtes qui lui semblaient pour le moins saugrenues et surtout inintelligibles pour cause de nouveau vocabulaire employé.

C'est comme cela qu'un jour une personne lui demanda s'il y avait « une aubette » aux pieds de l'église. « Une aubette »… qu'est-ce que c'est que ce mot-là ? Une bête ? Une haut-bête ? Mais que voulait dire cette personne ? De quoi me parlait-elle ? Emma répondit « Oui, sans aucun doute ! », pour lui être agréable, sans même savoir de quoi elle parlait. Il s'agissait en fait d'un abri bus. Elle n'avait jamais entendu ce mot auparavant.

Il en fut de même pour le mot « cure ». « Y a-t-il une cure dans la commune ? » l'interrogea-t-on un jour. Et elle de répondre, « Non pas dans la commune, mais à quelques kilomètres ». Et elle communiqua le numéro de téléphone du « centre de cure thermale » alors qu'en fait, il s'agissait du presbytère. Rien à voir !

Donc beaucoup de jeunes couples, désireux de rencontrer le curé pour arrêter une date de mariage, se retrouvèrent sans doute en thalassothérapie grâce à elle !

Une autre fois, la communauté d'agglomération à laquelle elle appartenait l'appela pour savoir « si les gars avaient apporté les ganivelles ». Et elle de répondre : « Les ganivelles ? Ah oui, bien sûr ! » sans même savoir de quoi il s'agissait. Il était question de barrières métalliques que l'on place lors de manifestations afin de délimiter un territoire ou protéger le public.

Un monde complètement nouveau s'ouvrait à elle !

La semaine suivante, un habitant vint la voir afin de savoir s'il devait faire une déclaration d'urbanisme pour installer un « bac à sable » au fond de son jardin, ce à quoi Emma répondit sans hésiter par le négatif, pensant que le « bac à sable » était dédié aux besoins des chats appartenant au propriétaire qui se tenait devant elle. Donc elle ne voyait pas pourquoi il fallait engager des procédures particulières pour ce genre de chose. Et en réalité, en guise de « bac à sable », il s'agissait d'un dispositif d'assainissement autonome où, lorsque l'habitation n'était pas raccordée au tout-à-l'égout, les eaux usées y étaient collectées. Oups !

Durant cette période de sa vie, elle fut également amenée à constituer des dossiers de mariage. Et un jour, un jeune couple vint la voir pour lui demander quelques renseignements à ce sujet. C'était surtout la future mariée qui avait des questions. Elle semblait très impliquée et désireuse de se marier.

Quant au futur époux, il ne cessait de fixer Emma goulûment, avec une sorte de sourire béat qui mit rapidement la jeune femme mal à l'aise, surtout vis-à-vis de sa conjointe. Emma finit par leur dire à tous les deux que pour commencer à faire un dossier de mariage il fallait que LES DEUX veuillent se marier. Et là, la future cocue – heu, pardon – la future mariée de lui répondre « oui, nous sommes motivés ». À la suite de sa réponse, Emma se tourna immédiatement vers le jeune homme et, le regardant fixement dans les yeux d'un air grave, lui demanda : « Et vous, vous êtes certain ? ». Il se mit à rougir et baissa les yeux !

Emma prenait son travail très à cœur. Elle faisait du mieux qu'elle pouvait en accueil. Elle réfléchissait même à quelques modifications pour améliorer ce poste assez « planplan » pour elle. Il faut dire qu'elle aimait prendre des initiatives. Les élus en général et les adjoints en particulier trouvaient qu'elle avait de bonnes idées.

Elle remarqua qu'elle avait un certain succès auprès de la gent masculine. Il faut dire qu'elle était brune avec la peau plutôt mate. Elle parlait facilement à tout le monde et était très souriante. C'était dans sa nature. Par ailleurs, malgré les kilos pris pendant sa grossesse, elle avait retrouvé sa taille de guêpe après l'accouchement. Pour les hommes, elle avait sans doute un « petit quelque chose » d'exotique. Ils devaient l'imaginer en pagne avec une fleur de Tiare Tahiti dans les cheveux, en train de prendre sa douche sous une cascade d'eau chaude, avec un gel de douche aux senteurs de coco ou de monoï dans les mains. Cela changeait du local !

En effet, les habitants de ce département étaient plutôt blonds vénitien, roux ou châtains avec une peau extrêmement blanche. Lorsqu'Emma arriva dans cette région, elle eut l'impression de débarquer en Angleterre tellement elle trouvait les gens « typés Viking ». Toutes ces peaux laiteuses, toutes ces taches de rousseur, tout ce orange d'un coup ! Elle n'en avait jamais vu autant. Une chose était certaine, si les Arabes n'avaient pas envahi cette région, c'est parce qu'elle était bien trop humide pour eux !

Son côté exotique lui valut les égards de certains élus. À tel point qu'elle remarqua qu'un élu en particulier venait souvent la voir le samedi matin. Matinée durant laquelle elle était seule puisque la secrétaire de mairie refusait de partager les permanences avec elle et que le maire avait accepté son caprice.

Ne sachant comment dire à cet homme qu'il n'avait aucune chance et qu'il veuille bien la laisser tranquille, Emma décida d'acheter un T-shirt blanc, tout simple, sur lequel y était inscrit « Dans tes rêves ». Le samedi suivant, elle le vêtit. L'élu vint, comme à son habitude. Quand il fut posté face à Emma, il lut le message. Il dut comprendre « l'idée générale du texte », car elle ne le revit plus !

Avec le temps, elle était de plus en plus à l'aise à l'accueil et elle finissait même par connaître chaque habitant. Du coup, le maire la trouvait de plus en plus indispensable dans son établissement et Emma aimait bien cela. Au début, elle avait été embauchée pour remplacer une personne qui habitait dans cette commune et qui était « une petite du pays ». Donc pas évident pour l'étrangère qu'elle était de pouvoir faire l'affaire. C'était un véritable challenge pour elle. Mais elle avait réussi à s'intégrer, sans pour autant parler comme eux. Elle était heureuse de cette performance et fière d'elle.

Les habitants aimaient à venir la voir, pour un oui ou pour un non, passaient lui faire un petit bonjour, lui racontaient leur vie, leurs déboires ou leurs joies.

Certains résidents préféraient même passer par elle et son sourire plutôt que d'affronter la secrétaire de mairie et sa mauvaise humeur coutumière. Emma appartenait désormais à cette commune et la population l'avait complètement adoptée.

Une autre expérience

Emma était de mieux en mieux dans son travail. Ce poste était d'une polyvalence incroyable. Il fallait être capable de gérer les premiers habitants qui se présentaient à l'accueil dès huit heures du matin et qui, pour certains, sentaient fort la vache, tout en répondant au téléphone à une dame, sans avoir de hauts le cœur, dont le chien du voisin avait pour habitude de faire ses besoins sur ses fleurs, pour ensuite enchaîner avec un permis de construire à déposer puis une carte d'identité et enfin un dossier de mariage. Et ainsi de suite, durant toute la journée, à un rythme parfois soutenu. Fatigant, mais franchement riche.

Emma avait le contact facile avec les gens, qui, apprenant à la connaître et lui faisant de plus en plus confiance, venaient de plus en plus souvent. Cette proximité lui plaisait.

Un jour, après trois ans de bons et loyaux services, elle reçut un message de la communauté d'agglomération qui lui proposait un poste de responsable de Communication.

« La communication ? Mais je n'en ai jamais fait ! Alors, d'accord ! Un autre défi à relever ! »

Trois mois plus tard, le temps de régulariser la situation, et la voilà à son nouveau poste.

Elle se retrouva dans un bureau, au rez-de-chaussée, seule – alors que tous les autres collègues étaient à l'étage – au fond d'un couloir sombre. L'accueil ne fut pas des plus chaleureux. Elle se demanda même pourquoi ils étaient venus la déloger de sa petite commune. Ses nouveaux collègues étaient glaçants à l'image du directeur adjoint. Ce dernier se prénommait François Griveau. Très vite, dans la tête d'Emma, il devint « Griveau tête de veau ». Pas très gentil, c'est vrai, mais cela lui allait comme un gant !

C'était un petit homme chétif, dépourvu de cheveux et de neurones, qui ne ressemblait à rien, toutes oreilles déployées à l'écoute des cancans, jambes arquées à être né sur une barrique, buste voûté, les yeux qui se croisent les bras, et pour clore le tout, une haleine fétide à avoir mangé une charogne. Dès le début, il lui fit penser à Don Salluste dans « La folie des grandeurs ». Même faciès, même fourberie, même cupidité, même hypocrisie, même ivresse de pouvoir. Il avait une âme froide et machiavélique. Il était avide de vengeance sur son propre parcours et sur son physique de bactérie. Il voulait imposer son autorité auprès « du petit personnel » – comme il aimait à nommer les agents – mais grelottait des fesses devant les élus.

Il vint un jour dans le bureau d'Emma, s'accouda à un meuble bas, prit un air dandy en mettant une main dans sa poche de pantalon trop long, ce qui le rendit encore plus ridicule, car il tenait plus de Quasimodo que du bel hidalgo, pour lui déclarer : « Vous savez, si cela ne dépendait que de moi, il n'y aurait pas de communication ! ». Elle présuma alors qu'il s'agissait là de son mot de bienvenue !

Il n'avait pour ainsi dire pas fait d'études, mais se trouvait intelligent et aimait à faire de l'esprit. Son humour était à mille lieues de celui d'Emma. Il avait un ego qui dégoulinait sur sa cravate. Et selon l'adage : « Petit homme, énorme ego ! ».

Il s'inventait des diplômes dans sa petite tête d'œuf. Cela lui donnait plus de prestance ! Tout « le petit personnel » était en admiration face à de telles études qu'ils ne comprenaient même pas, eux qui avaient un CAP ou tout au plus un BEP en poche. Qu'il était intelligent, leur patron ! De son côté, Emma le laissait parler. Pas la peine de dépenser son énergie pour une pareille cause ! S'il avait besoin de se prouver des choses, elle savait ce qu'il valait : rien. Avec sa tête d'artichaut fané et son teint poussiéreux, Emma le soupçonnait de faire de l'esprit pour se rendre intéressant à ses yeux. « Ne te fatigue pas Tête de Veau, tu es moche comme un pou, tu pues du bec, tu n'as aucune chance ! » avait-elle envie de lui crier.

Avec le temps, elle finit par se faire accepter en partie par l'équipe. Non sans mal. Dans son travail, elle put développer de nouvelles missions. Elle était devenue son propre chef et appliquait sa propre politique de communication ! Elle avait également de très bonnes relations avec les élus qui voyaient que cette jeune femme s'appliquait et s'impliquait dans son travail. Tout se passait très bien. C'est d'ailleurs ce qui déplut à ce fichu directeur adjoint, passé entre-temps, directeur général des services, l'ancien étant parti à la retraite. Alors que l'ancien directeur faisait confiance à « ses collaborateurs », le nouveau aimait à savoir ce que faisait « le petit personnel ». Il aimait avoir la mainmise sur tout, être omniprésent, ce qu'Emma ne supportait pas. Ce n'était pas tant cette curiosité qui la dérangeait, mais le manque de confiance qu'il avait et qui créait cette attitude minable. Et surtout, il voulait être le seul à avoir des contacts avec les élus. Ainsi il pouvait dire ce qu'il voulait, critiquer les employés et c'est ce qui, dans sa petite tête d'aérodrome à mouches, faisait toute la différence entre lui et « le petit personnel ». Cette relation élus/directeur des services était prestigieuse…

Étant donné qu'il avait pris Emma en grippe dès le début, et qu'elle avait son « petit caractère du sud », elle décida, volontairement, de rester secrète sur ce qu'elle faisait… et cela dans l'unique but de l'embêter ! Elle était également la seule à « avoir accès » aux élus, qu'elle faisait même venir dans son bureau pour faire enrager le nain et fermait la porte derrière eux. Ainsi, il ne voyait rien et n'entendait rien !

De son côté, Pierre grandissait et Emma commençait à ressentir une forme de lassitude vis-à-vis de son travail et de la mauvaise ambiance au sein de cette collectivité. Aussi, elle finit par demander à un temps partiel afin de s'octroyer un peu de liberté et de profiter davantage de son fils et de son mari. Elle voulait aussi prendre un peu de recul par rapport à ce qu'elle vivait au travail.

Elle écrivit donc un courrier officiel, en bonne et due forme, destiné au dictateur, heu… directeur afin de lui faire part de sa requête.

Mais Don Salluste ne le vit pas de cet œil. En effet, ce n'était pas lui qui l'avait décidé. C'est pourquoi il fit tarder sa réponse. Mais Pierre trépignait à l'idée de ne plus aller en garderie le matin ni le soir et de profiter de sa maman. Alors, afin de prouver à son directeur qu'il ne l'intimidait pas, et se sentant pousser des ailes pour Pierre, Emma alla directement voir le Président de la collectivité qui, lui, accepta aussitôt sa requête. Cet imbécile de chef imaginait sans doute Emma incapable d'une telle démarche. L'ignorer et passer par-dessus sa personne, c'en fut trop pour lui. Alors pour se venger et la punir de cette frasque audacieuse, il lui retira toutes ses missions, c'est-à-dire le poste qu'elle avait façonné à son image, avec passion et professionnalisme.

Mais connaissant le personnage, elle s'y était préparée. Aussi son attitude stupide ne la surprit pas.

Maintenant plus rien ne la retenait, elle se sentait libre comme l'air ! Plus d'obligations, plus de contraintes de temps à respecter, plus de responsabilités. Toutefois, et afin qu'elle soit bien gardée, il l'avait placée sous les ordres de son toutou, un jeune homme à qui il avait fait peur dès son arrivée et qui avait préféré faire profil bas et le suivre sans broncher. Ce dernier devint très vite aussi collé à son directeur qu'une crotte à un cul ou qu'une bernique à un rocher.

Emma avait désormais un avenir brillant et captivant qui s'ouvrait devant elle. Un avenir rempli de promesses ! Sa carrière était toute tracée : dans un placard, avec comme missions celle d'une pauvre secrétaire clouée dans un bureau, les fesses vissées à son fauteuil, à obéir aux ordres d'un « sous-chef », lui-même sous les ordres du « grand chef », sans aucune prise d'initiatives, si ce n'est pour lui faire son café, prendre ses rendez-vous et taper ses courriers qu'il prendrait plaisir à lui dicter. Non merci !

La totalité des tensions endurées pendant toutes ces années, à lutter contre la médiocrité, la mesquinerie et ce monde étriqué, se portèrent peu à peu sur les épaules d'Emma.

Durant chacune de ces années, elle avait supporté beaucoup de choses sans rien dire. Elle avait toujours feint que tout cela ne l'atteignait pas. Mais elle vit beaucoup d'actions et d'agissements douteux et entendit beaucoup de propos médisants sans jamais les trahir. Sa tête tint bon, mais son corps n'en put plus. Et par un beau jour d'hiver, la partie haute de ses bras s'immobilisa. Son corps tout entier était en train de lui dire : STOP. Une capsulite s'empara de ses épaules, l'une après l'autre, la bloquant totalement et la faisant souffrir horriblement. Emma était en train de tomber malade.

L'arrêt qui en découla lui permit de faire le point sur sa vie, sur sa carrière, et se rendre compte de tout ce qu'elle avait vécu, enduré et surmonté. Elle vit rapidement clair sur les raisons de son état de santé et décida de faire une pause dans sa carrière.

Définition
fonctionne à un rythme lent

Être fonctionnaire, c'est avant tout un état d'esprit. Une façon de vivre. Un peu comme les naturistes. Si l'on ne ressent pas de l'intérieur ces choses-là, si l'on n'adhère pas à ce mode de vie et d'envies, on ne peut pas évoluer dans ce cercle très fermé et particulier. Et ce fut le cas d'Emma.

Dans la collectivité dans laquelle elle était, être fonctionnaire, c'était savoir aller lentement le matin et pas trop vite l'après-midi. C'était savoir travailler tranquillement, sans se presser. C'était se faire appeler « responsable », mais surtout ne prendre aucune décision, ni même en avoir le niveau intellectuel ou les compétences. C'était également être capable de faire plusieurs photocopies, feuille après feuille, sans prendre tout le dossier, mais en faisant des allers et retours incessants afin que le directeur ait l'impression qu'on était débordé. C'était imprimer les mails envoyés et imprimer les réponses des mails, pour les mettre dans de gros dossiers pleins de feuilles photocopiées. Plus le dossier était rempli de vide fait de rien, plus il était gros, et plus on avait bien travaillé ! C'était aussi faire des photocopies de récépissés de fax. C'était prendre le temps de choisir les chemises de couleur assorties afin qu'elles soient en harmonie avec le reste du bureau. C'était faire de « jolis titres » avec la titreuse sur lesdites chemises coordonnées. C'était savoir perdre son temps tout en donnant l'impression d'avoir plein de dossiers à gérer. C'était aller de bureau en bureau pour dire que l'on était submergé de travail. Ce qui semblait absurde à Emma, car selon la jeune femme, lorsque l'on est débordé à ce point, on reste dans son bureau, la tête dans le guidon. Fonctionnaire, c'était tout ça à la fois.

Fonctionnaire, c'était avoir la capacité de boire du café, souvent, régulièrement, constamment. Et du coup, aller aux toilettes, souvent, régulièrement, constamment. C'était ne pas répondre au téléphone au moment de la pause, car on n'était pas disponible et puis on n'avait pas le temps !

Fonctionnaire, c'était savoir critiquer ses collègues, les déprécier, en jugeant leur travail afin de se faire mousser et de s'élever dans cette bassesse.

C'était refaire le tour des bureaux pour raconter maintes et maintes fois que l'on avait cherché un dossier toute la matinée et qu'ENFIN on venait de le retrouver.

Voilà le monde – à part – dans lequel Emma évolua.

Fonctionnaire, si ce n'est pas dans les gênes, on ne peut pas le devenir. Et elle, ce n'était pas dans ses gênes. Pour évoluer en fonctionnaire, il aurait fallu qu'elle suive une formation adaptée et particulière, qui n'existait pas, et encore sans être certaine que cela aboutisse.

Lorsqu'autour d'elle, elle voyait des personnes « à responsabilités » être constamment en réunion et en ressortir sans avoir de réponses à leurs questions et lui demandant d'organiser une autre réunion afin « d'avancer », cela l'affligeait. Le manque d'initiatives et de prises de risques « des têtes pensantes », autoproclamées intelligentes, intra-muros, la révulsait.

Fonctionnaire, c'était aussi aller en formation avec pour objectif de « prendre l'air », c'est-à-dire sortir de son bureau. Peu importe le contenu de la formation. Et au retour, ne rien mettre en place pour améliorer les choses ou les conditions. Ne surtout pas appliquer de nouvelles pratiques : le fonctionnaire n'aime pas le changement. Il critique régulièrement sa situation, mais ne veut pas en changer !

C'était beaucoup de blabla, beaucoup de brassage d'air, mais rien de concret.

Fonctionnaire, c'était aussi connaître, à chaque début d'année, quels étaient les jours fériés et les ponts à venir et combien il y en aurait.

C'était aller chez le médecin lorsqu'on avait le nez bouché afin d'avoir cinq jours d'arrêt. C'était profiter des jours accordés pour « enfant malade » et les poser pour se reposer de n'avoir rien fait ou prolonger un week-end forcément trop court.

En tout cas, c'est ce qu'Emma en a retenu, là où elle était.

Bien sûr, il y avait aussi de bons fonctionnaires. Mais malheureusement, cet environnement faisait que le bon fonctionnaire comprenait vite, à ses dépens, qu'il devait devenir comme les autres s'il voulait se fondre dans le moule et avoir des chances de s'en sortir, de progresser, d'avancer dans sa carrière sans se rendre malade.

Mais Emma, de nature réactive et intègre, supportait mal cet environnement et ne désirait à aucun moment se fondre dans le moule pour leur ressembler.

Et cette façon de flatter ! L'autocongratulation était très présente dans ce genre d'établissement. On se complimentait, on se louait, on se félicitait sans arrêt. On se souriait, on se faisait des ronds de jambe. Sans doute pour avoir une promotion. Emma n'avait jamais su le faire ! Surtout lorsqu'elle ne le pensait pas !

Et de toute évidence, la jeune femme était en général assez incompétente pour ce monde-ci.

Le petit énergumène de directeur avait bien vu qu'il ne tirerait rien d'Emma et qu'elle ne se fondrait jamais dans la masse. Elle n'était pas un mouton et lui, surtout, n'était pas Panurge ! Alors elle effectuait son travail correctement, avait le soutien des élus qui avaient remarqué qu'elle était consciencieuse. Elle avait même réussi à donner une place non négligeable à la communication malgré le manque d'intérêt du « grand chef ». Mais cela le dérangeait. Il n'acceptait pas du tout cet engouement des élus pour les idées de la jeune femme. Il n'avait plus la primeur.

Le niveau d'études d'Emma le dérangeait également. En effet, elle avait plus de diplômes que lui – sans avoir besoin de s'en inventer – et en plus, surtout, c'était une femme. Ou plus exactement : ce N'était QU'une femme !

Aussi, comme un dernier souffle de survie lui restant, avant de tomber malade, afin de progresser dans sa carrière et pouvoir sortir de cet établissement, Emma décida de passer le concours de catégorie A. Il s'agissait d'un concours pour occuper un poste de direction. Le travail personnel y est très important. Alors pas facile pour une jeune mère de famille qui, après avoir travaillé toute la journée dans une ambiance hostile et s'être occupée de son fils le soir en attendant que le papa rentre, de se voir dans l'obligation d'apprendre des cours la nuit tombée, effectuer des recherches pour préparer des dossiers complets et être incollable le jour du concours. Eh bien, elle le fit. Elle s'accrocha. Elle voulait évoluer. Se sortir de cette collectivité piteuse, qui restait dans sa médiocrité.

Après avoir passé l'écrit, elle reçut un courrier lui apprenant qu'elle était admissible à l'oral. Elle n'en revenait pas ! Sur deux mille cinq cent quarante-neuf inscrits pour ce concours, il y avait « seulement » sept cent cinquante-trois admissibles et elle, Emma, en faisait partie !

Pas un mot d'encouragement de Don Salluste qui pourtant – elle le sut après – suivait de très près son évolution.

Son oral se passa bien. Malgré un trac incroyable, elle sortit de la salle avec une bonne impression. Pourtant, quelques jours après ces épreuves, elle reçut un courrier de non-admission. Emma demanda alors ses notes afin de savoir ce qu'elle n'avait pas réussi et vit qu'elle avait obtenu 13 sur 20 à l'écrit, 16 sur 20 en langue étrangère – option qu'elle avait choisie – et 10 sur 20 à l'oral. Le 10 avait été griffonné sur une autre note préalablement inscrite : 13 sur 20. Avec ce 13, elle aurait eu le concours. Et pourtant, elle n'était pas admise. Pourquoi le jury avait-il changé sa note ? Et pourquoi autant ?

Elle voulut en savoir davantage afin de comprendre ce changement qui bouleversait sa carrière et sa vie toute entière. Son sang bouillonnait.

Son corps se crispait de plus en plus. À cause de ce 10, elle demeurait prisonnière de cette collectivité et de son directeur minable.

Elle décida donc de se syndiquer, unique possibilité pour elle d'avoir la réponse à sa question. Et seulement par cet intermédiaire, après maintes recherches, elle apprit que la collectivité avait passé un coup de fil et que « la direction ne souhaitait pas qu'elle soit reçue ».

Chose faite.

C'est à ce moment-là que le corps d'Emma la stoppa net. Il ne voulait plus continuer à affronter quotidiennement ce monde ennemi. Il se contracta peu à peu et de plus en plus. Elle arrivait malgré tout, tous les matins avec le sourire, empaillait sa bonne humeur malgré une douleur chaque jour plus intense et omniprésente. Le désarroi et la souffrance ne devaient surtout pas se voir sur son visage pour ne pas contenter « les collègues bien-pensants » à son égard. La fatigue due à ses nuits sans sommeil devait rester transparente une fois le seuil de la collectivité franchi.

Le niveau de résistance qu'elle avait atteint au quotidien durant toutes ces années, ce poids qu'elle portait depuis si longtemps sur ses épaules se transforma en gelée jusqu'à l'immobiliser totalement.

Cela l'obligea à sortir de l'étau qui la serrait puissamment à la gorge jusqu'à parvenir à l'étouffer.

Le fait que son corps lâche fut son unique survie.

L'obstination et la persévérance étaient des qualités qu'elle avait développées et qui l'avaient aidé à subsister et à résister aux vents, tempêtes et marées. La tasse, elle la but, plusieurs fois. Mais à chaque fois, elle remonta à la surface, plus déterminée que jamais.

La Der des Ders

Un mal pour un bien

Par un beau matin d'octobre, Jules, Pierre et Emma allèrent rendre visite aux parents de Jules.

Tout allait plutôt bien, même si Emma avait l'habitude d'essuyer des réflexions pour le moins désobligeantes de la part de sa belle-mère et qu'elle ne savait jamais à quelle sauce elle allait être mangée avant d'arriver. Et comme d'habitude, Jules ne venait pas à son secours. Il la laissait en pâture au lion, ou plutôt à l'hyène. Ce qui importait à Jules, c'était que, pendant que la bête s'acharnait sur sa proie, il était en paix et en sécurité.

Bref, ce matin-là, après avoir vu le grand-père embrassé Pierre sur la bouche, et alors que Jules lui avait interdit pour la énième fois de le faire – à la demande d'Emma –, la jeune femme décida de rassembler tout le monde pour faire le point sur la question et mettre fin à de tels agissements, « Jules ne se sentant pas de le faire ». Auparavant, elle prit soin d'éloigner Pierre de la discussion et de le diriger vers leur chambre afin qu'il joue.

De retour dans la pièce, et alors qu'il aurait été de meilleur augure que Jules s'exprime face à SES parents, Emma prit la parole. Elle employa un ton ferme, mais courtois afin de leur rappeler que Jules et elle préféraient qu'ils ne fassent pas de bisous sur la bouche à Pierre. En effet, commençant à aller à la piscine avec l'école et étant accompagnée d'adultes qu'Emma ne connaissait pas, elle apprenait à Pierre que le fait de faire des bisous sur la bouche n'était pas naturel et que si cela lui arrivait, il devait lui en parler. Alors il était évident pour Emma que les grands-parents devaient suivre cette directive.

La jeune femme eut à peine le temps d'argumenter ses propos que Maléfique poussa un cri tel qu'Emma crut qu'elle faisait un malaise. Elle regretta ensuite qu'elle n'en fît pas.

Emma sortit de la pièce bouillonnante, mais silencieuse.

De son côté, la marâtre n'avait de cesse de suivre Jules, à qui Emma avait demandé de mettre les bagages dans le coffre de la voiture pour partir au plus vite.

Elle aboyait derrière son fils : « Non mais, elle ne va pas bien ! Il y a quelque chose qui ne tourne pas rond chez elle ». Et c'est elle qui disait cela ! Jules ne pipait aucun mot. Il continuait à faire des allées et venues, les bras chargés de sacs.

Fatiguée de l'entendre la critiquer et alors que Jules ne prenait encore pas sa défense, Emma sortit.

La belle-mère était dans le jardin avec Jules et son père.

Emma s'approcha d'elle. À quelques centimètres. Et, la regardant droit dans les yeux, lui proposa de profiter du fait qu'elle se trouvait là pour lui dire enfin les choses de manières directes et franches.

La mère de Jules se mit dans une colère noire, la qualifiant de tous les noms. Elle la traita d'impertinente et de mal élevée. Ce fut cette dernière qualification qui mit Emma en colère. En effet, en disant cela, la marâtre insultait indirectement l'éducation qu'Emma avait reçue de ses parents.

Elles étaient désormais face à face, toutes proches. Emma avait le bras droit tendu vers le bas, les doigts de la main écartés, prête à lui décoller une gifle. Au bout de ce bras, neuf années de colère contenue contre elle, neuf années de silence par correction et respect pour sa belle-mère et dans l'espoir qu'un jour cela cesse ou que Jules intervienne. Neuf années de refoulement. Alors à cet instant, Emma n'attendait qu'une chose : que la marâtre lui mette une calotte afin qu'elle puisse la lui rendre. Et elle s'imaginait déjà lui donner si forte que cette mauvaise femme virevolterait pour tomber à terre ensuite. La jeune femme était à bout. Mais, alors qu'elle était très proche, et fin prête, elle vit les lèvres de la vieille peau trembler. Et là, Emma sut. À cet instant précis, elle prit conscience qu'elle avait gagné. Quoiqu'il arrive, elle accédait à la victoire. Cette fois, c'est la marâtre qui avait peur d'Emma. Elle avait enfin pris le dessus sur Cruella. Elle se sentait glorieuse d'avoir affronté ce monstre. Elle se rendit compte que cette situation avait fait sortir la lionne qui était en elle pour protéger Pierre. Alors qu'initialement elle craignait cette femme, mère odieuse, méchante, perfide et méprisante, Emma l'avait affrontée et se sentait courageuse, heureuse et digne d'être une mère, la mère de Pierre.

Quant au père de Jules, héroïque, il préféra partir faire un tour. Quelle « belle »-famille ! Personne n'ayant jamais osé leur parler ainsi pour leur dire leurs quatre vérités, ils ne supportaient pas que ce soit Emma, la pièce rapportée, qui le fasse.

C'est alors qu'Emma comprit que rien n'irait jamais entre eux et elle et que Jules ne serait jamais là pour la défendre et les braver. Qu'il s'agisse de la protéger ou de protéger leur fils. Jules restait et restera toujours un enfant face à ses parents. Il avait encore peur de se faire « gronder » et il craignait que ses parents ne l'aiment plus si jamais il les contrariait ou s'opposait à eux.

Emma décida, à partir de ce jour-là, de ne plus JAMAIS revenir chez eux, de ne plus jamais les revoir. Puisqu'ils ne voulaient pas d'elle, elle n'avait pas à les subir. Ils n'étaient pas sa famille et elle n'en voulait plus. Et plus précisément, elle n'en pouvait plus. Avec tout ce qu'ils lui avaient fait subir, Jules et ses parents, elle était à bout de forces, elle n'avait plus d'énergie.

Étrangement, après avoir pris cette décision, elle se sentit ENFIN libre ! Peu importe ce qu'il adviendrait. Elle ne reviendrait pas sur sa décision.

Elle leur avait donné plusieurs chances, à maintes reprises durant ces neuf ans, leur laissant l'opportunité de la découvrir, de se rendre compte qu'elle n'était pas là pour leur faire du mal, bien au contraire. Mais après tout ce temps, cette dispute fut salutaire.

Les mois suivants, Emma profitait de cet épisode « de mise à plat » pour tout déballer à Jules, tout ce qu'elle avait engrangé, accumulé durant plus de neuf ans. Tout ce qu'elle avait gardé en elle, par respect pour ses parents et pour ménager Jules, croyant que son rôle d'épouse était aussi de se taire et supporter les situations. Désormais, elle s'en déchargeait.

Il entendit de tout. À l'endroit ou à l'envers. C'était purulent, nauséabond, parfois abject. Elle fut très désagréable, souvent grossière. Volontairement, elle lui décochait des mots puissants et blessants. Cela faisait tellement longtemps qu'elle avait tout cela en elle. Tellement longtemps qu'elle était spectatrice de sa vie de couple. Maintenant, la boîte de Pandore était ouverte. Elle avait besoin de tout faire sortir. Toute cette injustice, toute cette haine gratuite, tout ce silence de la part de celui pour qui elle avait tout donné !

Jusqu'alors, elle avait été l'esclave de sa propre existence.

Dorénavant, c'était terminé. Elle venait de fermer, plus qu'un chapitre, un livre poussiéreux, lourd à porter, encombrant, inintéressant. Elle comptait en ouvrir un nouveau, tout neuf, agréable, léger.

Ce fut une période où leur couple alla mal, très mal. Elle était prête à tout laisser. Elle n'avait plus d'énergie à donner à Jules et surtout ne voulait plus lui en donner. Elle n'avait plus d'amour non plus à son égard. Et lui exprima. Il lui en avait trop fait voir en ne faisant rien face au déferlement de cruauté qu'elle avait subi de la part de la marâtre. Les boulets rouges qu'elle lui avait envoyés durant toutes ces années avaient fini par l'atteindre jusqu'à la blesser sérieusement. Cette famille lui sortait par les yeux.

Emma avait besoin de se ressourcer, de se retrouver. Elle avait besoin de donner du bonheur à leur fils, de lui procurer de l'énergie positive.

Aussi, un soir, en larmes, à bout de nerfs et de souffle, et très consciente de ce qu'elle allait dire, elle donna le choix à son mari : « Jules, tu as pris toute mon énergie et après ce que nous venons de vivre je n'ai plus d'amour pour toi. Alors si tu as de l'énergie et de l'amour pour deux, je veux bien que l'on continue, mais si tu n'en as plus toi non plus, alors arrêtons-nous là, car tu m'as tout pris et je suis fatiguée. ».

C'est alors que Jules, les larmes aux yeux, la prit dans ses bras et la serra très fort en murmurant : « J'ai de l'énergie et de l'amour pour deux ».

Une nouvelle vie

La quarantaine a du bon ! C'est l'âge où l'on constate, en regardant dans le rétroviseur, que les choses qu'on a faites ou vécues nous ont demandé beaucoup de détermination, de volonté et de dynamisme pour les mener à bien. Mais à quarante ans, l'énergie est moins importante. Il faut aller à l'essentiel. Fini de subir, de faire ce que l'on n'aime pas, d'être entouré de personnes inintéressantes. Désormais, on sait dans les grandes lignes ce que l'on ne veut plus et surtout ce que l'on veut.

Jules, malgré le fait qu'il ne protégeait pas Emma, a su grandir et trouver une place dans leur famille. Il faut dire que Pierre et elle étaient très liés, très complices et complémentaires. Cela ne pouvait en être autrement étant donné qu'ils avaient toujours été ensemble. C'est pourquoi Emma suggéra à Jules de prendre sa place dans leur famille. Là encore, c'est elle qui lui indiqua comment faire pour, peu à peu, avoir son rôle de père auprès de Pierre. Alors Jules décida d'être celui qui joue avec Pierre et elle fut celle qui l'éduquait, lui faisait faire ses devoirs, qui écoutait ses confidences, ses questionnements, ses doutes et qui le conseillait au mieux.

De plus, ayant tenu la maison seule durant plus de douze ans – tout en travaillant et en gérant Pierre – elle demanda à Jules qu'il l'aide un peu. En effet, jusqu'alors, Jules ne faisait rien ou pas grand-chose. Ni ménage, ni courses, ni repas, ni lessive, ni repassage, ni rangements. Rien.

Progressivement, Jules mit la main à la pâte. Tous les deux plaisantaient beaucoup sur le fait qu'il se prenait pour James Bond. Et comme elle lui disait souvent en riant, pour calmer les ardeurs de Jules et surtout pour le taquiner, c'était plutôt à Johnny English à qui il lui faisait penser. Plus tard, Pierre s'amusera même à appeler son père James Blonde !

Il y a des habitudes qui ne se perdent pas rapidement. Par exemple, il avait pour coutume de poser une question à Emma et de partir sans même attendre la réponse.

Aussi, un beau matin, Jules interrogea Emma sur ses activités du jour et s'en alla prendre sa douche. En ayant plus qu'assez qu'il lui fasse le coup, la jeune femme décida de lui faire une farce assez marquante pour ne plus qu'il recommence. Il fallait être rapide, mais efficace. Il fallait trouver une stratégie qui l'obligerait, à son retour, à s'arrêter et à l'écouter. Qu'allait-elle pouvoir faire ? « Ça y est ! J'ai une idée ! Vite ! Le voilà ! ».Elle s'arrangea pour se trouver sur le chemin de Jules et qu'il passe juste devant elle. Comme d'habitude après sa douche, il se baladait nu jusqu'à la penderie. Aussi, arrivée à la hauteur d'Emma, elle s'empara du sexe de Jules d'une main et s'accroupit. Jules pensa à cet instant que c'était jour de fête ! La journée commençait bien ! Emma jubilait. Elle le rapprocha lentement de sa bouche et vit que Jules amorçait un large sourire de béatitude. Quand soudain, elle se mit à parler comme si elle avait un micro, tout en levant la tête pour fixer Jules du regard, qu'il avait tout rond cette fois-ci. De cette façon, elle avait toute l'attention de Jules portée sur la réponse à la question posée antérieurement. Elle prit bien le temps de développer les occupations de sa journée. Jules ne sachant que faire ni où aller puisqu'il était toujours tenu !

Et cela fonctionna ! Par la suite, Jules resta après chacune de ses questions à attendre la réponse.

Peu à peu, Jules et elle avaient retrouvé leur équilibre. Ils étaient de nouveau heureux ensemble. Ils étaient heureux avec Pierre. Leur famille était debout, en partie grâce à elle. Elle l'avait portée cette famille, et, par leurs échanges, leurs conversations et la communication mise en place, Jules, peu à peu, prit en considération les propos d'Emma. Il comprit que la famille était importante, qu'elle était source de bien-être, d'écoute, que c'était un refuge, un endroit douillet pour reprendre des forces. C'était un lieu sans jugement, sans crainte à avoir, sans défense à assurer. Il pouvait y déposer ses armes un instant pour mieux repartir au combat de la vie.

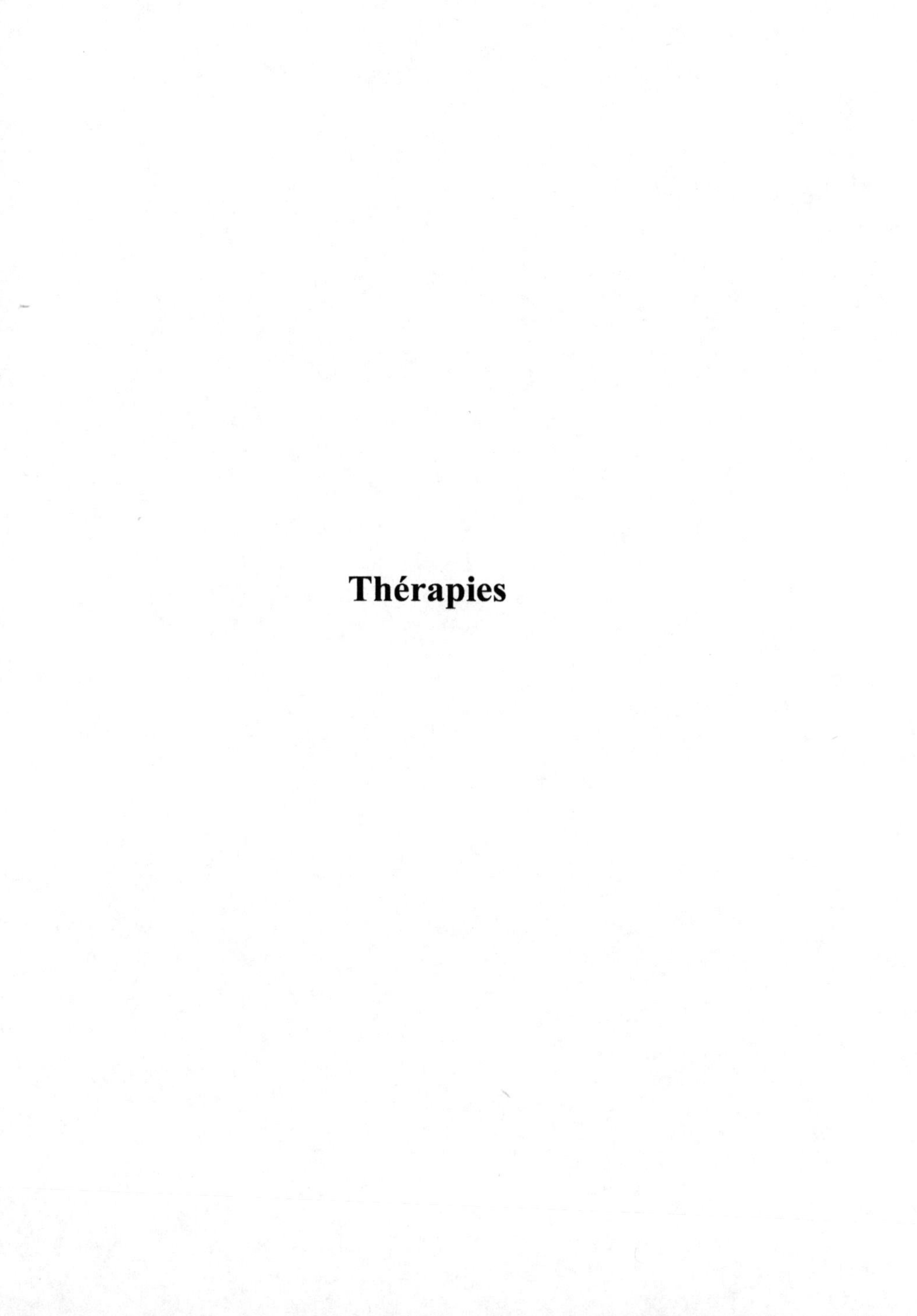

Thérapies

L'écriture

La thérapie d'Emma commença à la suite de la dispute avec les parents de Jules, dès qu'elle put s'exprimer et dire tout haut à Jules ce qu'elle pensait tout bas depuis des années sans oser l'évoquer afin de ne pas le blesser et surtout pour le ménager.

De cette expérience, elle s'était affirmée. Désormais, elle manifestait au fur et à mesure les choses qui la heurtaient. Elle exposait à Jules ses ressentis, ses impressions, ses sensations. Elle avait décidé de ne plus rien garder pour elle. Elle ne voulait plus chercher à l'épargner.

C'est aussi à partir de cette époque qu'elle commença à écrire. Pouvoir formuler ses sentiments, pouvoir dire ce qu'elle éprouvait, pouvoir mettre des mots sur des situations vécues ou des personnes rencontrées. L'écriture fut difficile, car douloureuse. Repenser à tout ce qu'elle avait enduré pendant si longtemps fut très pénible. Mais les mots contribuèrent à lui faire du bien. Raconter son histoire lui permit de prendre beaucoup de recul et de ne plus rien garder en elle. Tout était écrit, elle pouvait se libérer l'esprit.

Ses positions sur la belle-famille étaient inchangées, mais l'écriture lui permit d'évoquer des comportements blessants. Elle put calmement, grâce à l'écriture, se raconter et aborder des attitudes qui l'avaient blessée et analyser les agissements – ou plutôt le laxisme – qu'avait pu avoir Jules face à ses parents et qui lui avaient fait tant de mal.

Le fait de mettre enfin des mots fut une réelle prise de conscience et une grande délivrance pour Emma. Elle était restée trop longtemps muette. Cependant, ce choix, elle l'avait fait seule. Elle pensait qu'un jour, son époux finirait par voir la méchanceté à laquelle elle était confrontée et qu'il viendrait à son secours. Elle croyait trop fort au Prince Charmant. Il ne fit jamais. Elle pensait également qu'il grandirait face à ses parents. Ce qu'il ne fit pas davantage.

De plus, l'écriture lui permit d'extérioriser ses souvenirs et ainsi de ne plus devoir les garder enfouis en elle pour, qu'un jour, elle puisse tout raconter à Pierre, sans rien oublier. En couchant les mots sur le papier, elle libérait sa pensée et son esprit. Elle n'avait plus besoin de garder active, en mémoire vive, toute cette période tragique.

Elle pouvait désormais vivre SA vie.

Jules fut à l'écoute lorsque tout ce qu'elle avait sur le cœur sortit. Il fut compréhensif même si cela fut douloureux pour lui aussi.

Il sembla toutefois prendre conscience de ce qu'il lui avait fait subir et de ce qu'elle avait été amenée à affronter.

De son côté, Emma était lucide que les parents de Jules demeuraient éternellement ses parents. Mais ils n'étaient pas les siens à elle. À lui de composer avec eux. À lui de les supporter, voire de les subir. Pas à elle.

Tous ces maux étaient désormais sortis de son corps et elle les abandonna volontiers.

Cette douleur si forte face à la méchanceté dirigée par la bêtise, la jalousie, l'envie et la haine venait surtout du fait que la jeune femme pensait qu'en se mariant la famille de Jules deviendrait sans doute un peu la sienne.

Elle croyait que l'attitude qu'avaient ses propres parents envers elle et elle envers eux allait sans aucun doute être identique avec celle des parents de Jules. Voilà ce à quoi elle était préparée dans son monde de princesse…

Quel désarroi lorsqu'elle se rendit compte qu'ils la prenaient pour une ennemie à exterminer !

Quel traumatisme de se sentir systématiquement menacée ou écartée sans comprendre pourquoi, sans savoir ce qu'elle avait fait de mal ! Son unique faute avait été d'accepter de se marier avec Jules et de tout faire pour leur être agréable.

Quelle douleur de devoir tirer un trait sur tout son idéalisme !

Mais elle le fit. Pour avancer. Elle ne pouvait s'empêcher de penser que les parents de Jules devaient être bien mal dans leur peau et dans leur tête pour avoir agi de la sorte, pour avoir essayé de détruire le bonheur de leur fils et la famille qu'il était en train de construire. Elle se disait aussi que pour être empreints d'autant de méchanceté, ils devaient être bien seuls dans leur cœur de pierre.

L'amour filial

Sa thérapie fut aussi et surtout son fils. C'est lui qui, depuis sa naissance, lui donna le courage, la force et la détermination nécessaires pour affronter les obstacles qu'elle avait rencontrés et les peurs qui en avaient découlé.

C'est lui qui, par son amour inaltérable et son regard bienveillant sur elle, conforta ses choix. Sa présence, sa protection infantile, ses encouragements la nourrirent à l'infini et lui donnèrent la force et l'énergie nécessaire pour avancer.

Sa thérapie fut ses yeux doux, chaleureux, attentifs et attentionnés constamment posés sur elle, mais aussi son sourire enjôleur, généreux et compréhensif.

Ce furent également ses bras autour de son cou lorsqu'il l'embrassait. Cette enveloppe protectrice qu'ils lui procuraient. Un si petit homme lui donnant tant d'amour et de réconfort !

Ce furent ses bisous « tout doux » comme elle aimait à lui dire qu'ils pansaient ses plaies à vif.

Leur complicité, pour toujours et à jamais.

Ce furent toutes les petites attentions qu'il lui porta. Ses encouragements.

Sa thérapie fut la chair de sa chair.

L'écriture était aussi là pour qu'il sache, lorsqu'il sera plus vieux, qu'il comprenne ce qu'elle avait vécu et comment elle l'avait vécu.

Qu'il se souvienne. Elle ne voulait pas que d'autres se chargent à sa place de raconter « leur vérité », de modifier ou de s'approprier sa vie, son histoire. Elle souhaitait qu'il apprenne à quel point elle s'était impliquée pour leur famille et à quel point elle y avait laissé ses forces, sa santé. Tout ce qu'elle avait fait pour eux. Mais elle ne regrettait rien.

D'un autre côté, elle ne regrettait rien non plus de ce qu'elle avait vécu, car elle était aujourd'hui une femme épanouie et ouverte d'esprit.

Grâce à toutes ces épreuves, ces expériences de la vie, elle s'était construite au fur et à mesure du temps. Elle avait écarté les personnes malveillantes et n'avait gardé que les âmes amicales.

Grâce à son fils, elle eut la force et la foi nécessaire pour lutter, pour avancer et faire en sorte que leur famille, cette famille qu'ils étaient en train de construire, ne se détruise pas tel un château de cartes.

Mais ce n'était pas tout.

L'amour parental

Sa thérapie fut de la même façon la présence de ses parents. C'est grâce à leur amour, leur présence, les conseils avisés de sa mère, son écoute et son expérience qu'elle tint bon. Ses parents lui apportèrent la volonté et la ténacité lorsqu'elle était à bout de souffle. Ils l'encouragèrent et la soutinrent. Sans eux également, elle n'en serait pas là aujourd'hui.

Elle savait qu'elle avait de la chance d'avoir des parents bienveillants, qui avaient toujours agi pour son bien et pour le bien de sa famille. Ils n'avaient jamais tenu rigueur à Jules de son comportement. Ce qu'ils désiraient par-dessus tout, c'était qu'Emma soit heureuse, avec son fils en espérant que son époux changerait peut-être avec le temps, qu'il finirait par ouvrir les yeux et comprendre que son camp, le camp de l'amour et de la bonté, du soutien et de la bienveillance, était la famille qu'il devait construire et non celle d'où il venait.

L’amour marital

Sa thérapie fut aussi Jules. Celui par qui tout commença. Son héros, qui malgré tout était une belle personne. Il sut écouter ce qu’elle avait à lui dire et en tenir compte. Ces épreuves les avaient désormais soudés.

Lui, qui ne sortait pas d’une telle famille.

Pour y avoir été immergée, la belle-famille avait toujours donné l’impression à Emma d’être un groupe de colocataires, mobiles dans un lieu imposé. Aucune chaleur humaine ne s’en dégageait, aucune bonté, aucun intérêt n’était porté à ses membres. Seule l’apparence comptait. Ils se mentaient, se voilaient la face, se volaient, se critiquaient. Cela avait toujours semblé incroyable pour Emma. Quand on était capable d’agir ainsi avec les siens, alors quelle attitude pouvait-on avoir avec des personnes extérieures ?

Dans leur famille en construction, Jules, apprenant de nouvelles valeurs par Emma et inculquées à Pierre, semblait heureux et équilibré. Il savait que Pierre et elle l’aimaient.

Emma se sentait comme le « pilier des valeurs » de leur famille. Cette chaleur, qui avait sans doute manqué à Jules enfant, était bien présente chez eux.

Ils étaient liés, tous les trois. Et de ceci, elle en était fière. Elle en avait fait son combat et avait réussi. Elle avait fait de leur famille un « refuge ».

On re-déménage ?

Le re-nouveau

Après avoir traversé tant de houles, aussi bien dans le domaine personnel que professionnel, tant de tumultes, ils décidèrent qu'une fois les épaules d'Emma guéries, ils reviendraient dans leur région natale.

Quelle douce nouvelle ! Emma ne l'attendait plus !

Jules fit les démarches pour sa mutation et commença à travailler dans cette merveilleuse région plus tôt que prévu. Il dut faire des allers et retours incessants durant des semaines.

De son côté, Emma s'impatientait face à la lenteur que prenait son rétablissement. Elle restait pourtant calme, comme lui avait conseillé le médecin, mais rien ne semblait y faire : la douleur ne disparaissait pas et ses épaules demeuraient toujours aussi « gelées ».

Seul Pierre paraissait mitigé. D'un côté, il souhaitait partir, mais d'un autre, il n'était pas emballé à l'idée de devoir quitter ses copains. Emma lui expliqua qu'il ne les quittait pas vraiment et qu'elle ferait tout pour qu'il revienne les voir.

Alors c'était réglé. Pierre valida le projet familial.

Un vent de renouveau soufflait sur leur famille.

Une légèreté inattendue et inespérée emplit la maison. Ils étaient tous plus joyeux, plus légers.

Ils se mirent à chercher « la maison de leurs rêves ». Ils furent atterrés devant les prix qui s'affichaient, trois fois plus chers que la région qu'ils s'apprêtaient à quitter.

Il fallut, tout d'abord, se replonger dans cette belle région qu'était le Sud-Ouest et se réapproprier le vocabulaire : bouchons, temps de trajet pour Jules, heures d'embauche et de débauche, collège pour Pierre qui venait d'avoir douze ans.

Des maisons, il y en avait des tas. Des grandes, en pierre, entourées de jardins verdoyants, voire de parcs, avec piscine, sans piscine. Mais toutes situées trop loin du travail de Jules.

Alors ils se tournèrent vers les appartements.

Certains donnaient sur les toits du voisin, quand d'autres avaient un jacuzzi sur quelques mètres carrés d'espace extérieur avec vue plongeante des fenêtres de tout le quartier. Parfois, les annonces les faisaient rire. « Joli appartement, dans un immeuble ancien en pierre (cela voulait dire qu'il n'y avait pas d'ascenseur) avec jardinet (donc tout petit coin de verdure) à rafraîchir (avec beaucoup de travaux) ».

Au bout de quelques mois, ils étaient imbattables sur la signification « réelle » des annonces.

Les mois passèrent et les épaules d'Emma, bien que toujours douloureuses et crispées, allaient de mieux en mieux. Elle venait d'avoir quarante-six ans. À cette occasion, Jules lui offrit un T-shirt avec pour inscription : « Princesse bordelaise ». Elle adora.

L'effroi

À partir de quarante ans, son gynécologue, lui ordonna tous les deux ans, une mammographie. Ayant pris rendez-vous deux jours après son anniversaire, elle s'y présenta. La préparatrice l'appela. Elle lui demanda de se dévêtir puis l'accueillit dans la salle de radiologie. Les clichés furent au nombre de deux pour chaque sein. À la fin de la séance, elle lui proposa de bien vouloir patienter afin de vérifier si les images étaient convenables. À son retour, elle lui apprit qu'elle devait reprendre d'autres clichés. Emma se prêta au jeu. Sans réfléchir.

Puis un médecin vint la voir : « Après examen de votre sein droit, il s'avère… une masse… sans aucun doute… cancer du sein ».

Elle n'entendit pas tous les mots. Son cerveau n'analysait rien. Mais le mot « cancer » fit résonance en elle comme le mot « mort ». Il venait en somme de lui annoncer qu'elle allait mourir. Cela la sidéra. Son souffle se coupa. Ses yeux s'emplirent de larmes. On l'invita à s'asseoir. Elle était sonnée.

Son cerveau ne savait pas comment intégrer puis traiter une telle donnée.

Ce n'était pas possible ! Ils s'apprêtaient à déménager ! À changer de vie ! À revenir enfin dans SA région, à retrouver SES parents, SON climat, SES racines, SES ambiances de vie ! Elle ne voulait pas mourir ! Pas maintenant !

Puis la seconde idée lui glaça davantage le sang. Comment allait-elle l'annoncer à Pierre ? Son fils qu'elle aimait tant, par-dessus tout. Elle aurait tout donné pour le protéger face à cette horreur. Sa mère, jusqu'alors immortelle, allait d'un seul coup lui apparaître vulnérable et mortelle. Cette innocence infantile, cette insouciance, allait immédiatement se transformer en prise de conscience d'adulte, pleine de responsabilités.

Elle se mit à pleurer de tout son corps. Pourquoi devait-elle, à nouveau, affronter une chose aussi horrible ?

Sa douleur aux épaules ne suffisait-elle donc pas ? Les sanglots la submergeaient. Sans bien comprendre ce qui lui arrivait, la peur l'envahit. Elle se dirigea comme un automate vers la sortie, les yeux rouges inondés de larmes.

Une fois à l'extérieur, et encore fébrile, elle appela Jules pour lui annoncer cette nouvelle épouvantable.

Lorsqu'elle rentra, il l'attendait déjà, les traits tirés, le visage fermé et silencieux. Il la prit dans ses bras. Il la serra fort. Il l'enveloppa de sa force tranquille et ils pleurèrent. Ensemble. Emma n'avait de cesse de dire : « Je ne veux pas mourir, je ne veux pas mourir ! » et lui de lui répondre : « Mais non, tu ne vas pas mourir, je suis là ».

Et il était là en effet. Cette fois-ci, Il Était Bien Là ! Jules, Son Jules la réconfortait dans ses bras. La chaleur qu'il lui apportait à cet instant précis alors que l'avis médical lui avait glacé le sang lui fit un bien fou.

Pour la première fois, elle se sentit protégée par lui. Il faisait barrage aux cellules mortelles. Il lui donnait des forces rien qu'en la serrant dans ses bras.

Cet instant fut pour elle à la fois terrible, du fait de l'annonce, et doux du fait de cette toute nouvelle sensation qu'elle ne connaissait pas jusqu'alors.

Elle affronta la maladie et les examens. On la « mammographia », on la palpa, on la « biopsia », on la « harponna ».

Par « chance », elle apprit qu'elle n'était qu'au grade zéro et que cette bestiole en elle avait été décelée à temps. Elle fut entourée comme jamais par les siens, protégée, telle une forteresse par ses gardes.

Elle dut être opérée pour enlever la partie malade de son sein. L'exérèse se passa sans encombre.

Après cette première intervention, les résultats du laboratoire n'étant pas satisfaisants, le chirurgien lui apprit, de façon inattendue, brutale, tel un couperet, que l'on devait finalement, lors d'un deuxième acte chirurgical, lui enlever le sein tout entier. Dans sa tête, cela se traduisit par : « On doit vous amputer ». Le cerveau d'Emma n'en pouvait plus d'ingérer autant d'informations nouvelles, à chaque fois plus terrifiantes les unes que les autres.

En contrepartie, lui expliqua-t-on, elle n'aurait pas de radiothérapie comme prévu initialement. On lui poserait, dans le même temps, une prothèse. De cette façon, elle s'endormirait avec un sein et se réveillerait avec « un volume ».

On arrêta la date. Il fallait faire vite. Le chirurgien la lui proposa : ce fut la date de leur anniversaire de mariage…

Lorsqu'elle dut annoncer la nouvelle à Pierre, elle éclata en sanglots, n'ayant plus la force de lui dire de pareilles vérités. Toutes ces horreurs qu'elle n'avait de cesse de lui dévoiler depuis le début de cette maladie lui faisaient mal au plus haut point.

Mais lui, du haut de ses douze ans, la réconforta une nouvelle fois en la prenant dans ses bras et en lui disant : « Tu sais, Maman, les amazones dans l'Antiquité se coupaient le sein pour mieux tirer avec leur arc. Eh bien toi, Maman, tu es comme elles, tu es une guerrière ! ». Une telle force, pure, sincère, sortie de la bouche de son « bébé », de tels mots remplis de tendresse et bien appropriés pour la réconforter, la firent encore davantage éclater en sanglots tellement elle était désolée de lui faire vivre tout cela.

La mère d'Emma était là, elle aussi. Pauvre Maman. Désemparée par la nouvelle et terriblement anxieuse de l'avenir qui était réservé à sa fille. Elle et ses quatre-vingt-quatre ans étaient venus en voiture pour la soutenir. Elle avait fait trois cents kilomètres pour lui donner de sa force et tout son soutien. Bien qu'épuisée physiquement par la route, mais surtout moralement par la nouvelle, elle se montra forte, chaleureuse. Le père d'Emma appelait tous les jours.

Le noyau dur de leur famille se consolida encore. Le cocon qu'ils formaient alors était invincible.

L'amour de ses proches, la tendresse, cette force sincère apportée lui firent du bien.

Ils lui donnèrent tout tellement qu'elle combattit, elle garda le sourire malgré la douleur physique et surtout psychologique. Ils l'entourèrent de leur amour, de leur soutien, de leur présence. Ils lui donnèrent toute l'énergie nécessaire. Dès qu'elle perdait pied, dès que les doutes en elle surgissaient, ils étaient là pour l'apaiser.

Son époux fut à la hauteur de l'évènement. Il sut la consoler, choisir les mots qui lui faisaient du bien, adoucissait ses angoisses, essuyait ses pleurs. Elle avait trouvé une épaule solide sur laquelle elle savait qu'elle pouvait compter. C'était SON épaule à lui.

Elle tint bon.

Elle eut la seconde opération le jour de leurs quatorze ans de mariage. Elle se réveilla avec son sein et un « volume » : comme prévu. Ils étaient beaux, tous les deux. Son cerveau accepta immédiatement ce changement, ce qui facilita l'acceptation de toutes ces épreuves. Ses yeux percevaient sans doute une petite différence, mais son cerveau la corrigeait. C'est ainsi qu'elle vit, dès le début, son sein et son « volume » à l'identique. Très vite, elle l'intégra comme son sein.

Pour elle, ce mal n'était autre que le fruit de tout ce qu'elle avait enduré dans sa vie, dans son travail. C'était la suite presque logique des douleurs à ses épaules. Tout était collecté à cet endroit précis. Toutes ces années d'enfer, ses blessures étouffées, ses cris muets s'étaient blottis là, en son sein.

Enlever ce fruit pourri était nécessaire et salutaire pour repartir dans un nouveau corps et un nouvel esprit.

À point nommé

Plus déterminés que jamais, Jules, Pierre et Emma cherchaient sans relâche une maison.

Lorsque Jules était dans le Sud-Ouest, Emma lui envoyait par mail les maisons qu'elle avait sélectionnées.

Pierre était convié à donner son avis. Ils étaient désormais capables de situer une maison sur une carte, juste grâce à un détail sur une photo. Ainsi ils pouvaient savoir si elle était bien située, s'il y avait un collège à proximité ou si elle était proche du travail de Jules. Pierre adorait les visites virtuelles. Il commentait et donnait son avis sur la décoration intérieure.

Et un jour, au détour d'arbres immenses, elle apparut ! Sur la photo, elle était imposante avec sa tour, entièrement construite en pierre de taille, avec sa grille noire en fer forgé, majestueuse. Lorsqu'Emma la vit, elle tomba sous le charme. Elle s'empressa de l'envoyer à Jules pour qu'il lui donnât son avis. Elle lui plut aussi. Quant à Pierre, il la trouva « top ». C'était elle, « la maison de leurs rêves ».

Alors c'était parti ! Ils contactèrent les propriétaires et convinrent d'une date de visite.

Arrivés sur les lieux, ils restèrent sans voix. Elle était grandiose, lumineuse, spacieuse, éclatante, agréable. Son jardin n'en était pas un, c'était un parc. Eux qui voulaient un « petit coin de verdure » pour leur chien !

Les pièces étaient gigantesques, les couloirs larges, les plafonds hauts et la cuisine immense.

Pas de doute, elle était pour eux ! Il leur fallait. Emma ne voulait plus vivre là-haut, retourner dans le gris et l'humidité, dans le vent et les bourrasques. Elle voulait y laisser tout ce qu'elle avait vécu de négatif, de difficile, de noir. Tout ceci devait faire partie du passé.

Elle désirait, plus que tout, redescendre vers la lumière de cette demeure. Elle lui tendait les bras, pleine de confiance, chaleureuse, sécurisante, bienfaitrice. Son présent et son futur, Emma le savait, étaient dans son antre.

L'affaire fut conclue assez rapidement. Emma trépignait d'impatience, telle une enfant la veille de Noël, aux pieds de la cheminée, en imaginant les jouets que le père Noël allait lui apporter.

Sa vie, elle l'avait décidé, allait changer.

Ils déménagèrent par un quatorze février, le jour de la Saint-Valentin. Emma présuma que cela annonçait de meilleurs présages en comparaison au premier novembre, date du déménagement précédent pour le Nord-Ouest.

Très vite, elle sentit la vie monter en elle.

Cette terre qu'elle avait quittée la reconnaissait et lui donnait les forces qu'elle avait perdues en chemin. Elle sentit ce regain d'énergie et de vitalité. Elle retrouva ses racines, ses repères de climat, de relationnel, de rythme de vie. Le soleil lui réchauffait le corps, saturé d'humidité, autant que l'esprit, noirci par tant de mauvaises choses vécues. Le ciel bleu lui faisait du bien aux yeux. Et les oiseaux, dès le matin, chantaient pour lui souhaiter le bonjour.

Déracinée dans une région qui n'était pas la sienne, Emma eut très vite le sentiment d'être une fleur que l'on avait coupée, puis mise dans un vase avec un peu d'eau. Durant toutes ces années, elle parvint à survivre en se nourrissant de cette eau, mais petit à petit, n'en ayant plus, elle finit par se fléchir jusqu'à se dessécher et commençait à mourir.

Revenue dans sa région, cela lui fit l'effet qu'on la replantait dans sa terre. Elle reprenait ses racines dans une terre fertile, bonne pour elle, mi-ombre, mi-soleil, avec un fond d'air tiède. Elle retrouvait le goût de la vie, l'émulation nécessaire pour avancer. Elle se remettait à sourire et même à rire.

Elle renaissait de ses cendres.

Tous les trois se sentirent très vite superbement bien dans cette demeure, ensemble, dans cet environnement et dans cette ville.

Tout ce qu'ils venaient de traverser était désormais derrière eux. Toutes les tempêtes et les bourrasques, tous les grêlons, la pluie torrentielle, les vents violents n'avaient pas réussi à les balayer, mais au contraire, les avaient consolidés, comme un seul homme.

Que la vie était belle !

Sa vie de princesse serait-elle en train de débuter ?

Postface

À tous les mariés qui se demandent parfois comment s'en sortir. Si leur mariage tient encore le coup et s'il en vaut la peine. À tous ceux qui ont perdu espoir dans leur couple à force de vivre des situations difficiles ou de rencontrer de mauvaises personnes, ce livre est pour vous.

Il est le symbole de la croyance en l'avenir, de l'espoir retrouvé, de la force de la famille et de la foi en soi.

La vie est belle, bien que parfois compliquée. Nous vivons tous des moments agréables, auxquels nous ne portons pas assez d'attention, et des moments laborieux, qui nous semblent souvent insurmontables et longs.

Nous rencontrons tous des êtres affables, doux et aimables que nous ne remarquons pas et d'autres, désagréables, acerbes et détestables, qui nous heurtent, nous choquent, allant parfois jusqu'à nous faire tomber.

Mais l'important est de se relever, de tirer des leçons de toutes ces situations, de toutes ces rencontres.

Ne rien faire, ne rien changer, ne rien analyser serait une erreur.

Si nous les avons vécues, si nous les avons croisées, c'est que ces situations et ces personnes étaient là pour nous faire grandir, nous modifier, voire nous corriger et surtout nous faire réfléchir et avancer dans notre existence.

Les épreuves que nous franchissons sont autant de possibilités mises en œuvre afin que nous prenions en main notre destinée ou parfois pour que nous ayons le courage de faire face à notre passé ou à des situations non réglées.

Nous ne pouvons les éviter. Nous ne pouvons les écarter. Nous devons les affronter et comprendre la raison pour laquelle nous y sommes confrontés.

Et ce n'est qu'après les avoir étudiées, les avoir considérées que nous pourrons avancer sur le chemin de notre vie.

Si nous ne prenons pas le temps ou si nous n'avons pas le courage d'observer les situations ou les personnes rencontrées, elles se renouvelleront. Elles nous useront. Elles nous hanteront.

L'étude de notre vie, de notre parcours, est essentielle pour être en mesure d'aller de l'avant sereinement, sans plus devoir se retourner.

À deux, c'est mieux. Et à trois, c'est idéal !

À chaque épreuve, une analyse.

À chaque analyse, un épanouissement.

À chaque épanouissement, une étape supplémentaire vers la Sagesse et la Plénitude.

Remerciements

Merci à tous mes amis qui m'ont incitée à publier cet ouvrage.
Merci pour leur présence, parfois leur insistance.

Merci à Nicole, mon éternelle voisine,
Isabelle, mon amie de toujours,
Raphaëlle (prénom signifiant : Dieu guérit), ma chirurgienne,
Emmanuelle(S) (Dieu est avec nous), mon infirmière et ma sophrologue,
Sandrine, ma petite sœur de cœur et mon soutien durant la maladie,
Nathalie, ma grande sœur de cœur et mon conseil.

Toutes sont intervenues dans ma vie et m'ont écoutée, soignée, soulagée, consolée, conseillée dans les instants les plus difficiles de mon existence.

Merci à Hervé, mon plus vieil ami (!), pour sa relecture active et bienveillante, et ses conseils généreux et fraternels.

Merci à toutes les personnes rencontrées qui, par un signe, un mot ou une attitude, m'ont ouvert la voie vers la compréhension et la clarté de ma vie.

Enfin, que la paix soit auprès de ces êtres détestables, mauvais et odieux, empreints de jalousie, de haine et de méchanceté, qui n'ont, sans aucun doute, pas encore trouvé de significations à leur mal-être ni de sens à leur vie. Ils s'en prennent aux êtres joyeux, altruistes et solaires dans l'intention de leur nuire et de les vampiriser pour se nourrir de ce qu'ils n'ont pas, la lumière, et assouvir leur convoitise et leurs envies de tout genre, sans toutefois parvenir à régler leurs propres problèmes ni embellir leur existence.

Remerciements

Imprimé en Allemagne
Achevé d'imprimer en septembre 2023
Dépôt légal : septembre 2023

Pour

Le Lys Bleu Éditions
40, rue du Louvre
75001 Paris

www.ingramcontent.com/pod-product-compliance
Lightning Source LLC
LaVergne TN
LVHW010610160826
845677LV00013B/3351

* 9 7 9 1 0 4 2 2 0 5 7 9 9 *